MON PROF à la maison

MATHS – CM2

Conception des activités

Camille Denoël Maxime Paul

rue des écoles

Éditions rue des écoles – 7/9, rue Saint-Germain l'Auxerrois – 75001 Paris
EAN : 9782820816450
Achevé d'imprimer en Turquie, par Mazarine Networks en juillet 2024
Dépôt légal : juin 2024

Avant-propos

La collection « Mon prof à la maison » constitue un support idéal pour renforcer les notions étudiées en mathématiques tout au long de l'année scolaire. Les activités proposées accompagnent l'enfant pas à pas dans l'acquisition et le renforcement des connaissances et compétences indispensables à sa progression.

Ne soyez pas inquiet s'il a besoin de temps et de pratique pour maîtriser la complexité des nombres : les enfants n'avancent pas tous au même rythme. N'oubliez pas que si le comptage et les opérations sont largement automatisés chez les adultes, les enfants en découvrent les principes.

Patience, accompagnement bienveillant et encouragements sont de véritables moteurs pour la réussite de tous.

Contenu du cahier

Des pages d'exercices Les activités présentes dans ce cahier sont centrées sur les compétences mathématiques abordées tout au long de l'année de CM2.

Des pages d'évaluation Après huit à dix leçons, une évaluation est proposée afin de faire le point sur les notions acquises. Ces bilans permettent de constater les progrès réalisés ou les éventuelles difficultés rencontrées.

Des pages mémo Présents en fin d'ouvrage, ces mémos sont une aide pour les exercices et les évaluations. Votre enfant peut s'y référer aussi souvent qu'il le souhaite.

Des pages de matériel Des éléments à découper et à manipuler offrent un appui au raisonnement et favorisent le passage du concret à l'abstrait.

Des corrigés détachables Vous pouvez retirer les pages de corrigés afin d'éviter à votre enfant la tentation de consulter les réponses.

J'interviens à chaque page pour donner des conseils méthodologiques et des astuces qui aident à réaliser les exercices.

Sommaire

MÉMOS

MATÉRIEL

Analyser l'énoncé d'un problème

1 Pour chacun des problèmes, entoure les données utiles.

a. Dans ce refuge d'une capacité de 50 animaux, il y a 18 chiens, 14 chats dont 7 chatons, et 3 lapins nains. Ce dimanche, 4 personnes ont adopté chacune un chien, 2 personnes ont chacune adopté un chat. Combien d'animaux ont été adoptés ?

b. Madame Latour gagne 2 150 € par mois. Madame Devigne gagne 150 € de plus par mois que Madame Latour, et elle a reçu en plus à la fin de l'année une prime de 150 €. Monsieur Livron gagne 120 € de moins par mois que Madame Latour. Combien Monsieur Livron gagne-t-il par mois ?

2 Coche la (ou les) donnée(s) qui manque(nt) pour résoudre chacun des problèmes suivants.

a. 212 adultes et 60 enfants se rendent à un concert. La place adulte coûte 35 €. Quelle est la recette de ce concert ?

Il manque :

- ☐ le nombre de fauteuils dans la salle.
- ☐ le tarif de la place enfant.
- ☐ le tarif de la place adulte.

Attention, il manque parfois plusieurs données pour un même problème !

b. Mamie veut planter 3 rangées de framboisiers dans son jardin, ainsi que des rangées de 7 fraisiers. Un framboisier coûte 3 €, un fraisier coûte 2 €. Combien Mamie doit-elle payer pour ses achats ?

Il manque :

- ☐ l'argent dont dispose Mamie.
- ☐ le nombre de rangées de fraisiers.
- ☐ le nombre de framboisiers dans une rangée.

3 Les problèmes suivants ne peuvent pas être résolus, car il manque une donnée. Indique pour chacun la donnée manquante.

a. Ce fermier a 13 poules qui pondent chacune un œuf par jour. Combien de temps lui faudra-t-il pour remplir 3 boîtes d'œufs ?

→ ....

b. Dans le congélateur, il y a 3 glaces au chocolat et 4 à la vanille. Patrick a racheté un pack de 6 glaces pour sa fête d'anniversaire. Y aura-t-il assez de glaces pour tous ses amis ?

→ ....

4 Lis ce problème, puis coche la reformulation exacte de l'information que tu dois connaître pour le résoudre.

Dans cette ferme, il y a 17 poules, 3 vaches, 17 chèvres. Le fermier rapporte du marché 3 canards et 2 dindons. Combien y a-t-il de volailles à la ferme ?

Il faut savoir que le mot « volailles » désigne :

☐ les chèvres et les vaches ☐ les poules, les canards et les dindons

Addition et soustraction

1 Pose ces opérations en colonnes.

a. 2 563 + 14 985

b. 32 014 – 17 896

Pense à aligner les unités avec les unités, les centaines avec les centaines, les milliers avec les milliers, etc.

2 Résous ces problèmes en posant la bonne opération, puis écris une phrase réponse.

a. Un collège compte 584 élèves. Aujourd'hui, 436 élèves mangent à la cantine. Combien d'élèves ne mangent pas à la cantine ?

....

b. Quand je l'ai lancé, mon javelot a atterri 6 mètres moins loin que celui de Tom. Je l'ai lancé à 29 mètres. À quelle distance Tom a-t-il lancé son javelot ?

....

3 Observe et complète chaque suite de nombres.

a.	2 159	2 293			
b.	5 689	5 567			
c.	6 362	6 418			

DÉFI

Qui suis-je ?

Quels sont les quatre chiffres consécutifs qui, additionnés, font 10 ?

→ ....

Se repérer dans l'espace

1 Alix et Fleur jouent à la bataille navale. Complète la grille d'Alix.

	1	2	3	4	5	6	7	8	9	10
A										
B										
C										
D										
E										
F										
G										
H										
I										
J										

a. Alix a placé un bateau à cheval sur les cases [D ; 2], [D ; 3] et [D ; 4], et un autre sur les cases [E ; 9], [F ; 9], [G ; 9] et [H ; 9]. Colorie-les en vert.

b. Fleur a coulé le bateau qu'Alix avait placé sur les cases [A ; 6] et [B ; 6]. Colorie-les en rouge.

c. Fleur a voulu tirer sur les cases [J ; 10], [E ; 5] et [J ; 1], mais n'a pas touché de bateau. Marque ces cases d'une croix noire.

d. Écris les coordonnées du bateau représenté sur la grille : ....

2 Place les points d'arrivée en respectant les déplacements à partir de chaque point coloré.

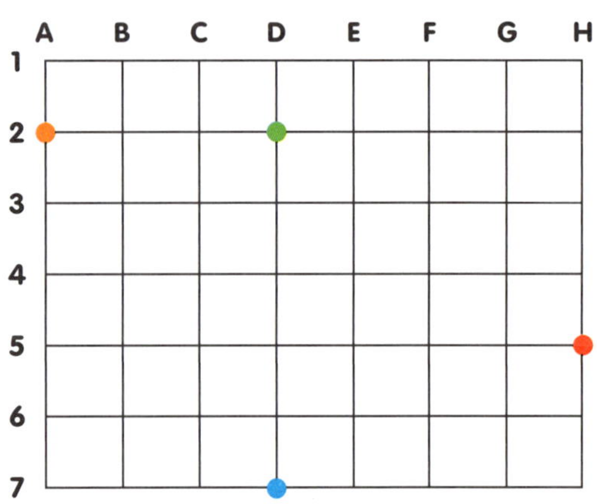

On appelle « nœud » l'intersection entre deux lignes d'une grille.

● (vert)	● (rouge)	● (orange)	● (bleu)
→2 ↓2	←1 ↑3	↓5 →2	→4 ↑1

3 Observe le plan du métro de la ville de Montréal, au Canada, puis réponds aux questions.

a. Combien de lignes de métro y a-t-il à Montréal ?
→ ....

b. Quelle ligne de métro permet d'aller le plus au sud de la ville ? → ....

c. Peut-on se rendre de Montmorency à Côte-Vertu sans changement ? → ....

d. Dans quelle station passent trois lignes de métro ?
→ ....

e. Peut-on se rendre de Saint-Michel à Berri-Uqam sans changement ? → ....

Quel est le nom de la station à laquelle il faut changer ? → ....

Combien de stations la ligne verte compte-t-elle ?
→ ....

Droites parallèles et perpendiculaires

1 Retrouve les trois paires de droites perpendiculaires et complète les phrases.

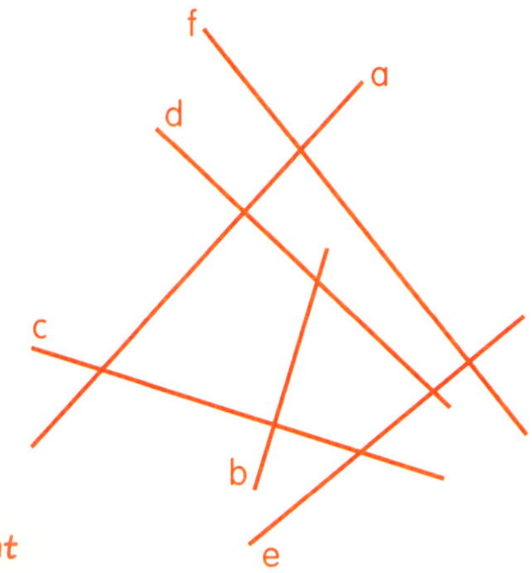

a. .... est perpendiculaire à ....

b. .... est perpendiculaire à ....

c. .... est perpendiculaire à ....

Des droites perpendiculaires se coupent en formant un angle droit. Utilise ton équerre pour l'identifier.

2 Trouve et repasse d'une même couleur les droites parallèles.

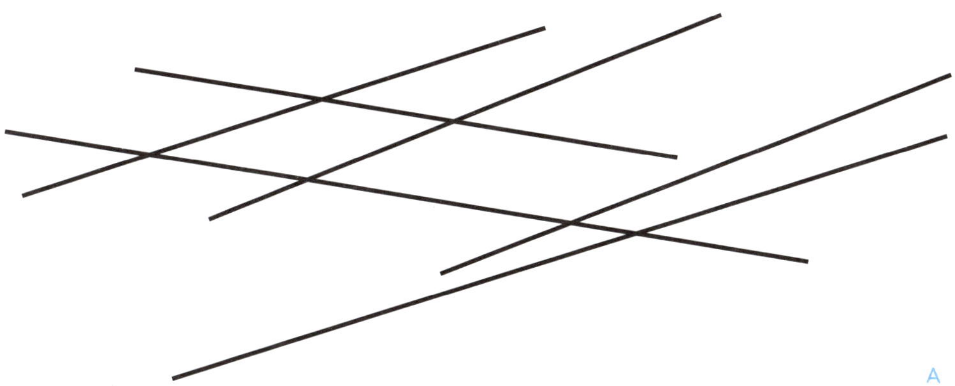

Des droites parallèles ne se croiseront jamais.

3 Vrai (V) ou faux (F) ?

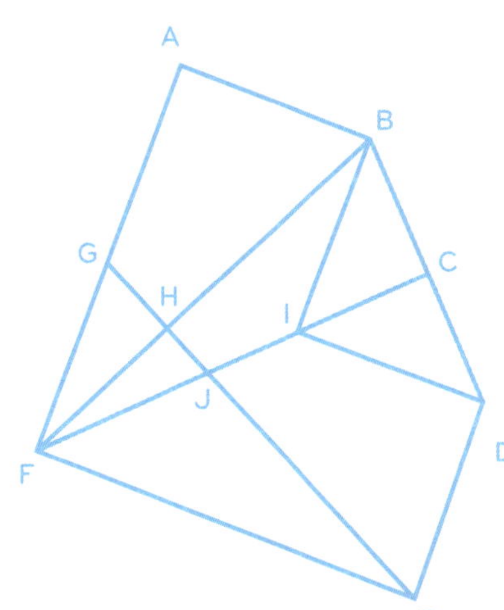

a. [AB] est parallèle à [FE]. ◯

b. [BD] n'est pas perpendiculaire à [FC]. ◯

c. [GE] et [BD] sont parallèles. ◯

d. Aucun segment n'est parallèle à [BF]. ◯

DÉFI

Calcule mentalement, le plus vite possible.

Le double de 26 = ...   Le triple de 45 = ...

Le quadruple de 63 = ...   Le triple de 58 = ...

Tableaux et graphiques

1 Lis l'énoncé et complète le tableau.

Un magasin de vêtement reçoit 17 robes à 13 € la pièce, 23 pulls à 21 € la pièce, et 70 pantalons à 15 € la pièce.
Quelle est la valeur totale de ces articles ?

	Quantité	Prix unitaire	Total
Robes	....	....	....
Pulls	....	....	....
Pantalons	....	....	....
		TOTAL	....

2 Voici le graphique de la répartition filles/garçons des élèves dans une école.
Observe-le attentivement, puis réponds aux affirmations par oui ou par non.

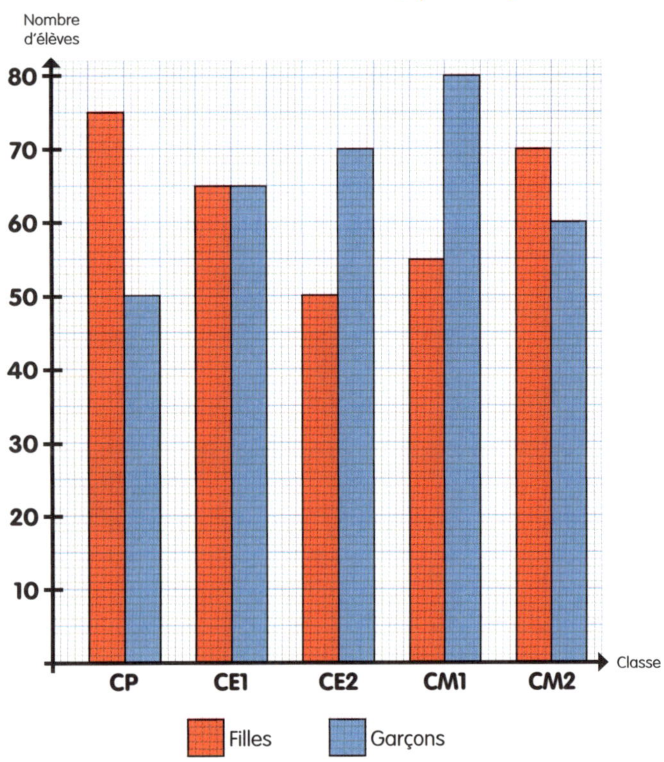

a. Il y a plus de filles que de garçons en CP.
→ ....

b. Il y a 65 filles en CM1. → ....

c. Il y a 50 garçons en CM2. → ....

d. Il y a autant de filles que de garçons en CE1.
→ ....

e. Il y a 30 garçons de plus que de filles en CE2.
→ ....

Un graphique peut prendre plusieurs formes : en bâtons, en courbe, circulaire, etc. Il permet de présenter et comparer plus facilement des données chiffrées.

3 Observe ces données puis complète le graphique en bâtons.

	Nombre de livres empruntés à la bibliothèque
Lundi	25
Mardi	30
Mercredi	20
Jeudi	15
Vendredi	25
Samedi	35
Dimanche	40

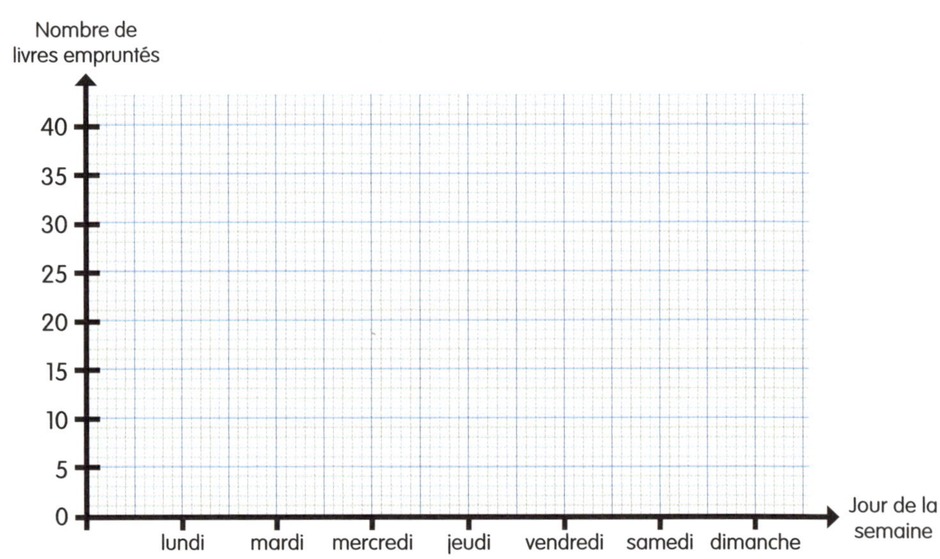

Les grands nombres (1)

1 Complète le tableau avec l'écriture du nombre qui manque.

seize millions trois cent quarante-deux mille	
	2 500 140
deux cents millions cinquante mille cent soixante-dix-neuf	
	740 005 089

2 Complète les comparaisons avec le signe qui convient (<, > ou =).

a. 569 635 .... 58 687

b. 399 654 .... 401 269

c. 911 579 .... 911 579

d. 512 203 369 .... 512 230 369

3 Range les nombres dans l'ordre demandé.

a. Ordre croissant : 56 896 100 – 5 841 987 – 5 850 099 – 51 965 789 – 52 998 007

→ ....

b. Ordre décroissant : 8 963 563 – 8 515 974 – 9 001 236 – 8 963 536 – 9 050 003

→ ....

c. Ordre croissant : 121 256 336 – 1 099 045 863 – 1 210 556 985 – 136 896 870 – 99 045 863

→ ....

4 Relie les nombres qui correspondent.

3 centaines de mille 52 dizaines •	• 30 000 + 300 + 20 + 8
quatre-vingt-sept mille soixante-cinq •	• (8 × 10 000) + (7 × 1 000) + (6 × 10) + 5
350 082 •	• 35 dizaines de mille 82 unités
3 dizaines de mille, 3 centaines, 2 dizaines, 8 unités •	• 300 520

DÉFI

Résous cette énigme.

Les deux premières fléchettes d'Hector atteignent la zone 200. Lui est-il encore possible d'obtenir 1 500 points avec les deux fléchettes restantes ?

→ ....

La symétrie

1 Les figures ci-dessous sont-elles symétriques par rapport à l'axe rouge ?

a.

☐ oui
☐ non

b.

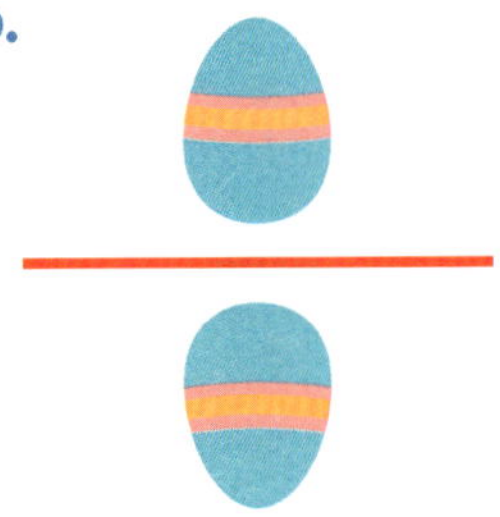

☐ oui
☐ non

c.

☐ oui
☐ non

d.

☐ oui
☐ non

2 Trace les axes de symétrie de ces figures, s'il y en a.

a.

b.

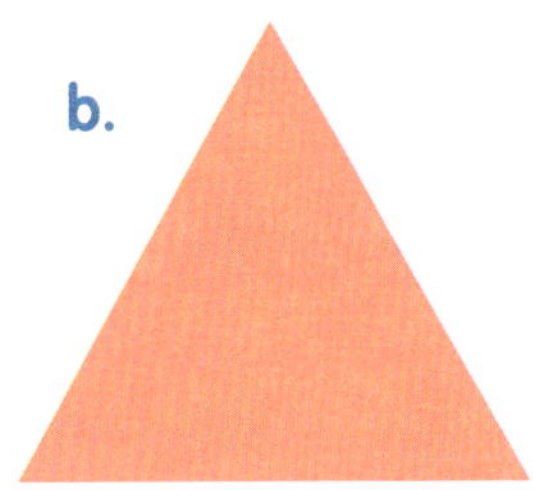

c.

d.

e.

Tu peux retrouver les figures de ces deux exercices à la ***page 53****. Découpe-les et plie-les afin d'en vérifier les axes de symétrie !*

3 Complète la figure en utilisant le quadrillage, de sorte que la droite rouge soit l'axe de symétrie de la figure.

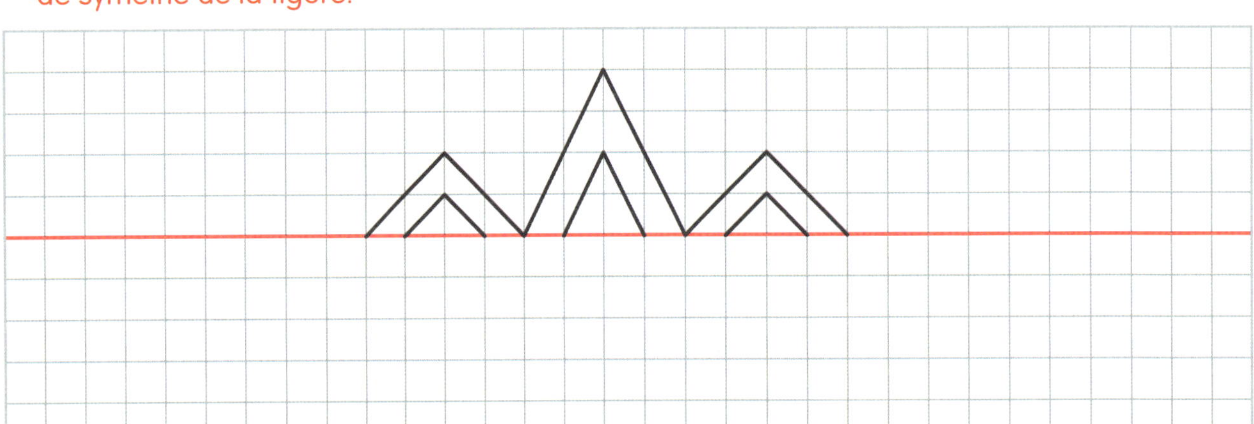

Pense à compter les carreaux ! Si tu as bien complété la figure, les deux parties de chaque côté de la droite rouge doivent pouvoir se superposer exactement.

La multiplication

1 Pose ces opérations en colonnes.

a. 87 × 5

b. 26 × 47

c. 57 × 62

2 Résous les problèmes suivants. N'oublie pas d'écrire une phrase réponse.

a. Mon voisin Pierrick a 6 fois plus de billes que moi. J'en ai 54. Combien mon voisin a-t-il de billes ?

→ ....

b. Une salle de cinéma compte 46 rangées de 27 sièges. Combien de spectateurs cette salle peut-elle contenir ?

→ ....

c. La recette d'un vendeur de fruits a d'abord été multipliée par 3, puis par 8.

Au départ, cette recette était de 289 euros. Quelle est la dernière recette de ce marchand ?

→ ....

Tu peux poser tes calculs sur une feuille à part.

3 Complète cette grille de nombres croisés.

Vertical : A. 24 × 13 B. 25 × 74 C. 6 × 6 D. 21 × 26

Horizontal : E. 15 × 9 F. 56 × 69 G. 3 × 5 H. 12 × 17

DÉFI

Qui suis-je ?

Quels sont les trois chiffres entre 1 et 9 qui, additionnés ou multipliés, donnent le même résultat ?

→ ....

Multiplier et diviser par un multiple de 10

JE RETIENS

- Pour multiplier par 10, 100 ou 1 000, il faut ajouter 1, 2 ou 3 zéros à la fin du nombre multiplié. Pour multiplier par 20 (ou par 30, etc.), on multiplie par 2 (ou par 3, etc.), puis on ajoute un zéro à la fin du nombre. ***Exemple :*** 64 × 20 = ? → 64 × 2 = 128. Donc 64 × 20 = 1 280.
- Multiplier un nombre décimal par 10, 100, 1 000 revient à décaler la virgule d'un, deux ou trois rangs vers la droite. ***Exemple :*** 8,263 × 100 = 826,3.
- Diviser un nombre par 10, 100, 1 000 revient à décaler la virgule d'un, deux ou trois rangs vers la gauche. (Il ne faut pas oublier qu'un nombre entier peut aussi s'écrire avec une virgule et un zéro dans la partie décimale : 19 = 19,0.) ***Exemple :*** 826,3 : 100 = 8,263.

1 Calcule en ligne.

a. 707 : 10 = ...
b. 8,52 × 100 = ...
c. 5 : 100 = ...
d. 122 × 40 = ...
e. 14,02 : 100 = ...
f. 22 × 60 = ...
g. 6 630 : 1 000 = ...
h. 23 × 200 = ...

S'il n'y a pas assez de chiffres pour décaler la virgule, il faut rajouter un ou plusieurs « 0 ».

2 Complète ces égalités.

a. 48 × .... = 480
b. 0,1 × .... = 1
c. 21 × .... = 420
d. 5,251 × .... = 525,1
e. 4 500 : .... = 45
f. 4 566 : .... = 45,66
g. 23 : .... = 0,023
h. 1 000 : .... = 1

3 Complète ces tableaux.

×	10	100	1 000
33	....	....	....
65,1	....	....	....
2,152	....	....	....
490,24	....	....	....

: →	10	100	1 000
74	....	....	....
95,1	....	....	....
2,756	....	....	....
147,53	....	....	....

4 Vrai ou faux ? Coche la bonne réponse.

a. Un lot de 10 cahiers coûte 3,10 €, un cahier coûte 0,31 €. ☐ VRAI ☐ FAUX
b. Un lot de 100 stylos coûte 27,50 €, un stylo coûte 2,75 €. ☐ VRAI ☐ FAUX
c. 10 lots de 10 punaises coûtent 4 €, un lot coûte 0,40 €. ☐ VRAI ☐ FAUX
d. 100 aimants coûtent 35 €, un aimant coûte 0,35 €. ☐ VRAI ☐ FAUX

Les longueurs

1 Complète le tableau avec les informations manquantes.

....	mètres	....	millimètres
hm	....	dm	....

2 Complète ces phrases en choisissant la bonne unité de mesure.

a. De Paris à Marseille, il y a environ 800 ....

b. La longueur d'un terrain de football est 100 ....

c. La règle que j'utilise mesure 30 ....

d. Une fourmi mesure généralement entre 5 et 7 ....

3 Convertis ces mesures de longueur dans l'unité demandée.

a. 3 000 m = ... km

b. 45 hm = ... dm

c. 152 cm = ... mm

d. 28 000 mm = ... m

*Tu trouveras en **page 50** un tableau de conversion qui t'aidera à réaliser cet exercice.*

4 Résous les problèmes suivants. N'oublie pas d'écrire une phrase réponse.

a. La semaine dernière, nous avons fait trois randonnées. La première était longue de 4 500 m, la deuxième mesurait 6 850 m, et la dernière 11 km. Quelle distance totale avons-nous parcourue ?

→ ....

....

b. Mon père a acheté un rouleau de papier cadeau de 2 m. Ma mère en a utilisé 60 cm, mon frère 50 cm. Quelle longueur de papier cadeau reste-t-il ?

→ ....

....

DÉFI

Résous cette énigme.

Un escargot se trouve au fond d'un puits de 10 mètres… et compte bien en sortir ! Chaque matin, il monte de 3 mètres ; mais malheureusement, chaque nuit, il recule de 2 mètres. Combien de jour lui faudra-t-il pour enfin sortir de ce puits ?

→ ....

Évaluation

Maintenant, à toi de t'évaluer ! Si certains exercices te paraissent trop difficiles, n'hésite pas à retravailler la leçon correspondante.

1 Pose ces opérations en colonnes.

a. 5 633 + 48 856

b. 15 021 – 6 874

2 Retrouve et écris le nom des deux paires de droites perpendiculaires et des deux paires de droites parallèles.

- .... est perpendiculaire à ....
- .... est perpendiculaire à ....
- .... est parallèle à ....
- .... est parallèle à ....

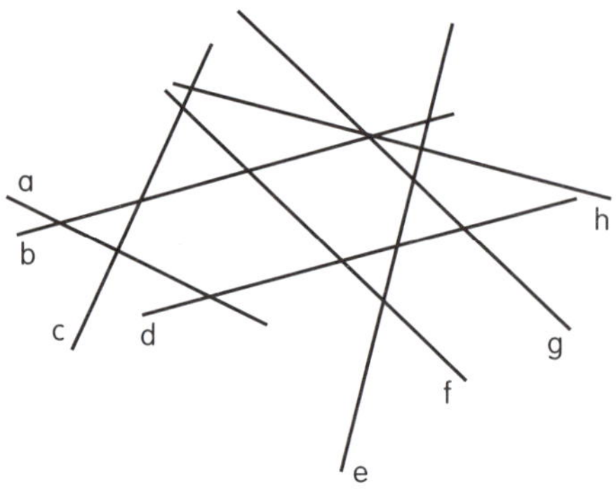

3 Écris le nombre, en lettres ou en chiffres.

a. 5 620 500 : ....

b. trente millions cent soixante-dix mille : ....

c. 200 012 340 : ....

d. huit cent quarante-trois millions deux cent quatre-vingt-douze : ....

4 Résous les problèmes suivants. N'oublie pas d'écrire une phrase réponse.

a. Ma collection de timbres en compte 428. C'est 7 fois moins que celle de mon oncle.
Combien mon oncle possède-t-il de timbres ?

→ ....

b. Un parking est fait de 67 rangées. Dans chaque rangée, il y a 85 places.
Combien y a-t-il de places en tout ?

→ ....

5 Convertis ces mesures de longueur dans l'unité demandée.

a. 15 000 m = ... km **b.** 14 dam = ... m

c. 38 cm = ... mm **d.** 132 dm = ... mm

*Tu peux utiliser le tableau de conversion de la **page 51**.*

6 L'*Allure of the Seas* est un navire de croisière construit en France, à Saint-Nazaire. En suivant les déplacements sur le quadrillage et en additionnant les nombres des cases de chaque trajet, tu trouveras les résultats qui te permettront de compléter sa description.

Ce paquebot mesure **(a.)** .... mètres de long sur **(e.)** .... mètres de large.

Il y a **(b.)** .... cabines pour **(c.)** .... passagers et **(d.)** .... membres d'équipage.

a. 3➔ 1🡻 1➔ 1🡻 3➔

b. 4➔ 1🡹 1➔ 1🡻 1➔ 1🡹 1➔

c. 2➔ 1🡻 1➔ 1🡹 1➔ 1🡻 1➔ 2🡹 2➔

d. 1➔ 1🡻 3➔ 1🡹 2➔ 1🡻 1➔

e. 2➔ 1🡹 1➔ 1🡻 2➔ 1🡹 2➔

a.	100	50	50	650	50	380	120
b.	750	150	25	75	230	270	2 760
c.	1 000	904	1 075	20	10	20	10
d.	1 400	20	5	400	6	8	2
e.	1	9	2	3	4	191	80

Entraîne-toi à calculer rapidement de tête ! Utilise un chronomètre et essaie de trouver tous les résultats en moins de 5 minutes. Prêt ? Partez !

Calcule le plus vite possible.

156 + 19 = ... 328 + 29 = ...

287 + 39 = ... 542 + 49 = ...

4 × 7 = ... 6 × 8 = ...

5 × 9 = ... 7 × 0 = ...

27 × 100 = ... 36 × 1 000 = ...

1 458 × 10 = ... 487 × 100 = ...

Les quadrilatères

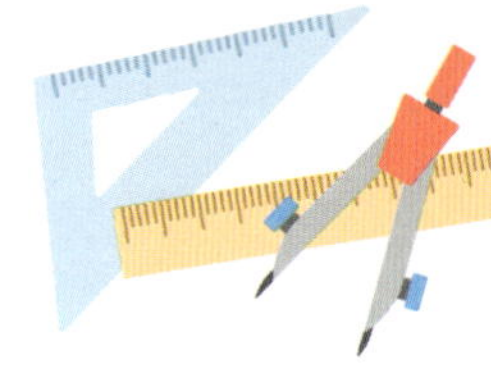

1 Relie chaque description au nom du quadrilatère particulier qui lui correspond.

J'ai quatre côtés égaux et quatre angles droits. •	• le rectangle
J'ai deux paires deux côtés égaux et quatre angles droits. •	• le losange
J'ai deux paires de côtés égaux mais pas obligatoirement d'angle droit. •	• le parallélogramme
J'ai quatre côtés égaux mais pas obligatoirement d'angle droit. •	• le carré

*Tu trouveras à la **page 52** un mémo des figures géométriques les plus courantes.*

2 Écris le nom de ces quadrilatères particuliers.

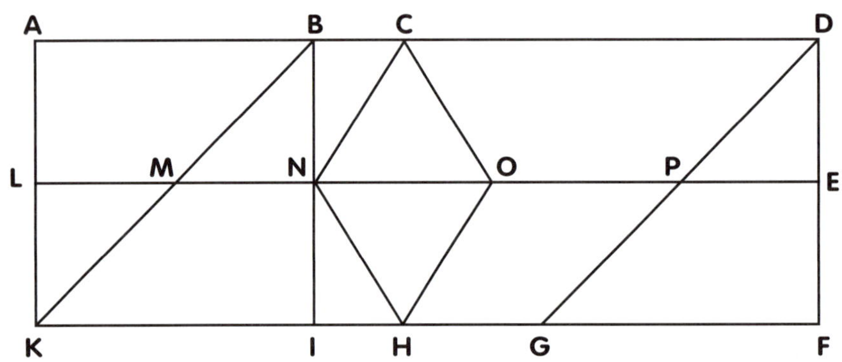

a. ADFK est un ....

b. ABIK est un ....

c. BDGK est un ....

d. COHN est un ....

3 Finis de tracer…

a. le carré

b. le rectangle

Pense à utiliser ton équerre pour tracer les angles droits.

Multiples et diviseurs

JE RETIENS

Un **multiple** d'un nombre est le résultat de sa multiplication par un autre nombre.
Un **diviseur** d'un nombre est un nombre par lequel il est divisible sans laisser de reste.
Les diviseurs d'un nombre sont aussi les diviseurs de ses multiples.
Exemple : Les diviseurs de 6 (1, 2, 3, 6) sont également les diviseurs de 12, 18, 24, etc.

Voici quelques astuces pour identifier les diviseurs :

- Si un nombre est pair, il est divisible par 2.
- Si la somme de ses chiffres est divisible par 3, le nombre est divisible par 3.
- Si un nombre se termine par 0 ou 5, il est divisible par 5.

1 Complète ce tableau en mettant les croix dans les bonnes colonnes.

	Divisible par 3	Divisible par 5	Divisible par 10
245			
310			
2 127			
3 015			

2 Observe le calcul 8 × 5 = 40, puis complète les phrases avec le mot « multiple » ou « diviseur ».

a. 8 est un .... de 40.
b. 40 est un .... de 8.
c. 5 est un .... de 40.
d. 40 est un .... de 5.

3 Colorie d'une même couleur les diviseurs de 12.

5 – 6 – 1 – 12 – 7 – 8 – 3 – 4 – 9 – 2 – 10 – 11 – 24

4 Entoure les nombres qui sont des multiples du chiffre indiqué en début de ligne.

a. **2** | 5 – 26 – 45 – 88 – 101 – 325 – 408 – 6 248 – 7 459 – 7 697 – 9 352
b. **4** | 3 – 13 – 16 – 20 – 116 – 148 – 508 – 3 547 – 5 540 – 7 436 – 8 425
c. **9** | 18 – 25 – 36 – 63 – 105 – 117 – 206 – 456 – 5 121 – 7 002 – 9 321

Un nombre est divisible par 4 si le nombre formé par ses deux derniers chiffres est lui-même divisible par 4, et il est divisible par 9 si la somme de ses chiffres est un multiple de 9.

DÉFI

Trouve les trois nombres inférieurs à 100 divisibles par 2, 3 et 5.

→ .... → .... → ....

Les grands nombres (2)

1 Écris les nombres correspondant aux écritures suivantes.

a. 39 dizaines de mille + 125 dizaines : ....

b. 12 centaines de mille + 389 centaines : ....

c. 11 dizaines de millions + 4 758 centaines : ....

Lorsque tu écris des grands nombres, pense à grouper les chiffres par trois et à séparer les classes (milliards, millions, milliers et unités simples) par une espace. Ils seront ainsi plus faciles à lire et à ordonner.

2 Avec les chiffres proposés, écris le plus petit et le plus grand nombre possible.

a. 2 / 0 / 3 / 9 / 4 / 5 / 6 / 2

le plus petit → .... le plus grand → ....

b. 1 / 5 / 0 / 0 / 3 / 9 / 4 / 8 / 9 / 9

le plus petit → .... le plus grand → ....

3 Relie les nombres suivants à leur bon emplacement sur la droite graduée.

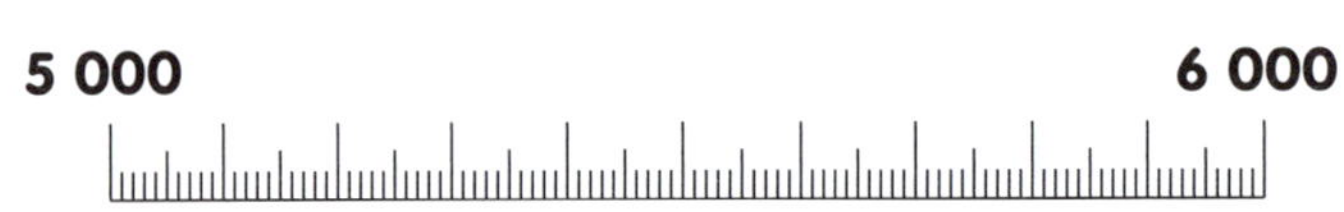

5 350 5 880 5 070 5 610

35 100 22 900 31 600 40 900

4 Encadre les nombres comme demandé.

a. Entre deux centaines consécutives : .... < 65 180 < ....

b. Entre deux dizaines de mille consécutives : .... < 2 563 180 < ....

c. Entre deux centaines de mille consécutives : .... < 14 896 174 < ....

Le périmètre

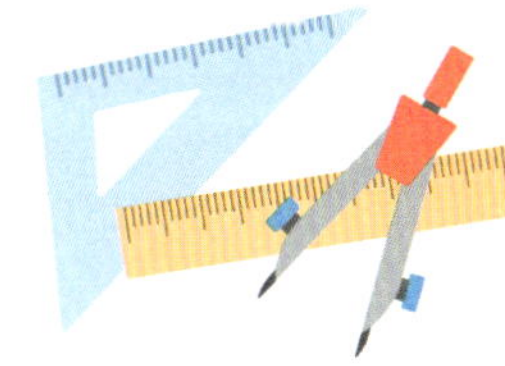

JE RETIENS

Le **périmètre** d'une figure, c'est la somme des longueurs de ses côtés.

Pour calculer plus rapidement un périmètre, on peut utiliser une formule :

pour le **carré** :
côté × 4

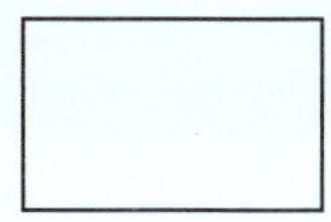

pour le **rectangle** :
(longueur + largeur) × 2

1 Calcule le périmètre des figures suivantes.

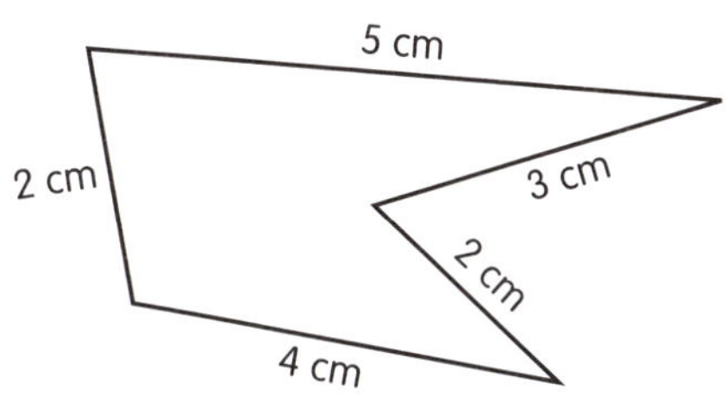

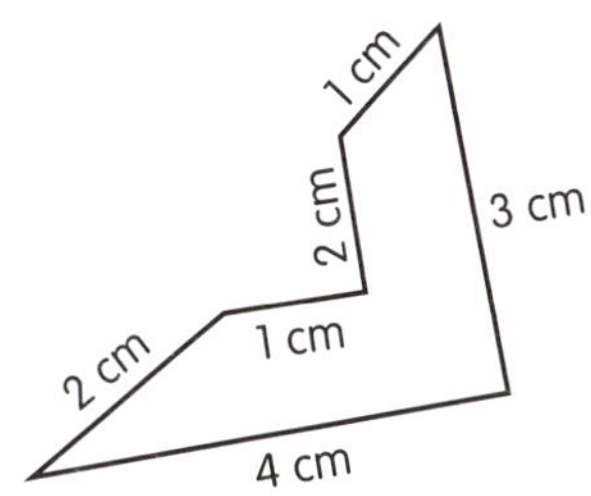

a. ....

b. ....

2 Réponds à la question ci-dessous.

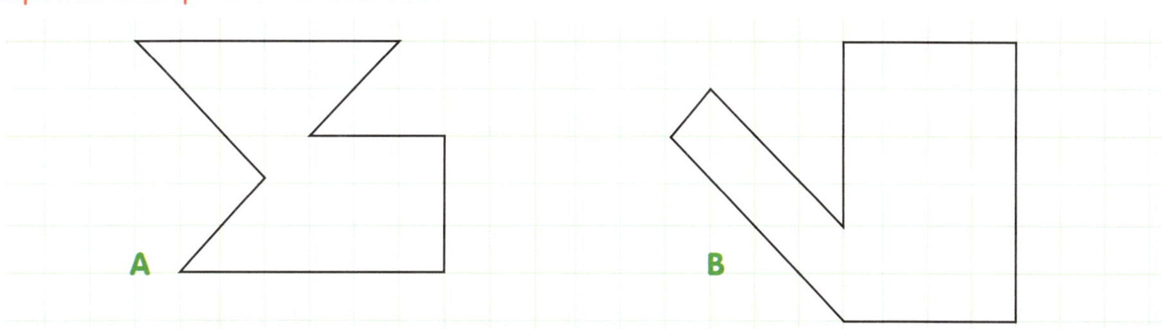

Quelle figure a le plus grand périmètre ?

→ ....

....

Les mesures ne sont pas indiquées mais tu peux aussi utiliser le nombre de carreaux pour comparer les périmètres.

3 Calcule le périmètre des figures suivantes.

a. Un carré de 16 cm de côté : ....

b. Un rectangle de 4 cm de large et 8 cm de long : ....

c. Un rectangle de 12 dm de long et 9 dm de large : ....

DÉFI

Résous cette énigme.

Luc veut clôturer son jardin avec un grillage. Le jardin a la forme d'un rectangle de 25 m de large et de 30 m de long.

Quelle longueur de grillage doit-il acheter ?

→ ....

Les masses et les contenances

1 Indique la masse correspondant à chaque proposition :

6,5 g – 650 g – 6,5 t – 65 kg – 65 t – 65 g

a. Une femme → ....

b. Une locomotive → ....

c. Un éléphant → ....

d. Un œuf → ....

e. Un paquet de farine → ....

f. Un crayon → ....

2 Convertis ces mesures dans l'unité demandée.

a. 2 kg = ... mg

b. 63 dag = ... cg

c. 450 000 mg = ... g

d. 300 hg = ... kg

e. 56 kg = ... dag

f. 9 000 mg = ... g

*Tu peux utiliser le tableau de conversion de la **page 51** pour t'aider.*

3 Compare ces contenances en utilisant les signes >, < ou =.

a. 1 L .... 10 cL

b. 25 L .... 250 mL

c. 7 500 L .... 75 kL

d. 60 cL .... 6 000 mL

e. 1 L 10 cL .... 1 010 mL

f. 1 kL 50 mL .... 10 050 cL

Commence par effectuer les conversions : il est plus facile de comparer des mesures lorsqu'elles sont exprimées dans la même unité.

4 Résous les problèmes suivants. N'oublie pas d'écrire une phrase réponse.

a. Marc a un réservoir d'essence de 30 L dans sa voiture. Après un long trajet, il constate qu'il a utilisé 1 200 cL d'essence. Quelle quantité d'essence reste-t-il dans le réservoir ?

→ ....

....

b. Sophie a une bouteille d'eau contenant 150 cL. Elle achète ensuite une deuxième bouteille d'eau de 1 000 mL. Quelle est la contenance totale des deux bouteilles ?

→ ....

....

c. Voici les ingrédients pour réaliser un gâteau : 125 g de yaourt, 0,12 kg de sucre, 25 dag de farine, 1 hg d'amande, 1 g de sel et 0,5 dag de levure chimique. Combien de grammes la pâte pèse-t-elle au total avant cuisson ?

→ ....

....

Les triangles

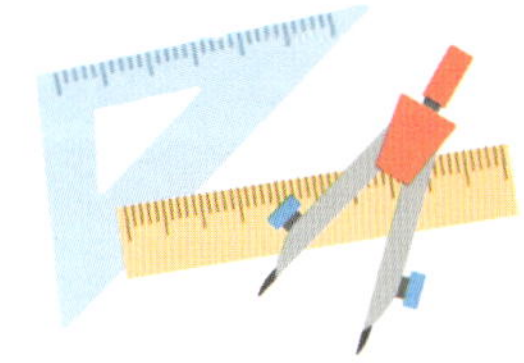

1 Complète le tableau avec les informations demandées.

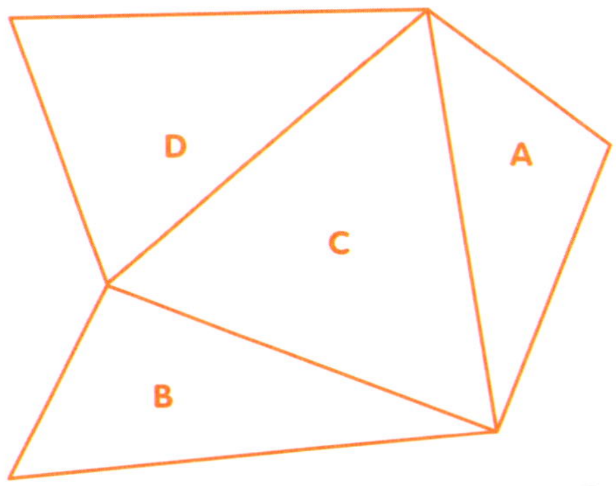

Triangle	Nombre de côtés égaux	Nombre d'angles droits	Famille
A			
B			
C			
D			

*Tu trouveras à la **page 52** un mémo avec les définitions des triangles usuels.*

2 Finis de tracer…

a. ce triangle équilatéral.

b. ce triangle isocèle (les deux côtés manquants doivent mesurer 6 cm).

3 Ajoute trois segments à l'intérieur de ce triangle pour faire apparaître quatre triangles équilatéraux.

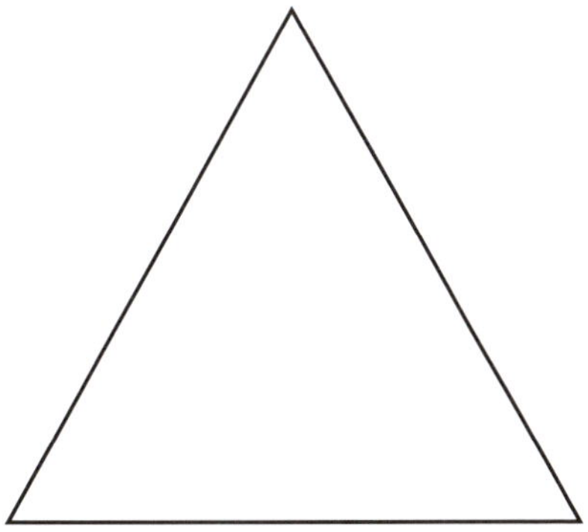

DÉFI

Combien comptes-tu de triangles dans cette figure ?

→ ....

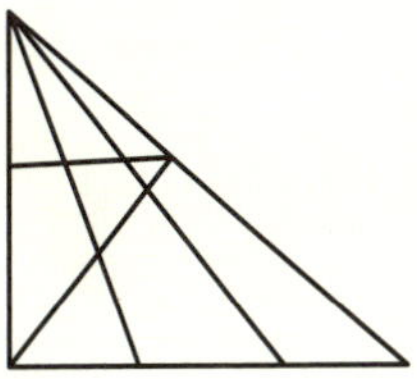

Les cercles

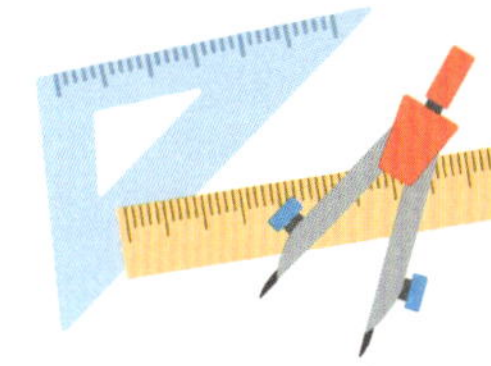

1 Complète le tableau.

Rayon	6 cm	....	180 mm	....
Diamètre	....	100 mm	....	1 m

Le rayon d'un cercle est égal à la moitié de son diamètre.

2 Complète ce cercle de centre O et de diamètre [AB].

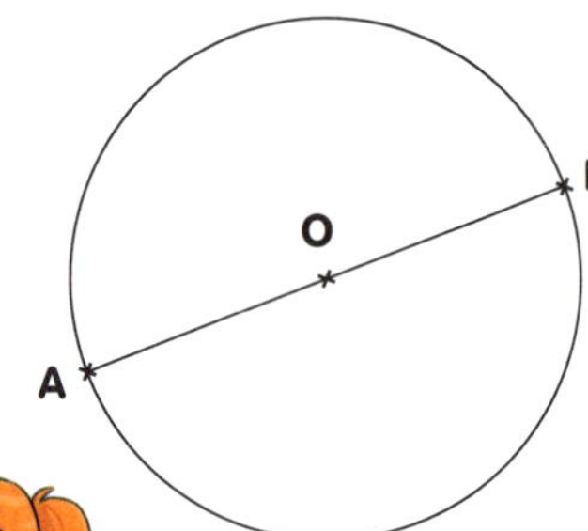

a. Repasse en vert un demi-cercle.

b. Trace un diamètre [CD] perpendiculaire au diamètre [AB].

c. Repasse en rouge un quart de cercle.

d. Relie à l'aide de ta règle les points A et D, D et B, B et C, C et A.
Quelle figure géométrique obtiens-tu ? → ....

Le centre O est aussi le milieu du diamètre [CD].

3 Suis ce programme de construction.

- Trace un segment [AB] de 4 cm
- Trace le cercle de centre O et de diamètre [AB]
- Trace le cercle de centre C et de diamètre [OA]
- Trace le cercle de centre D et de rayon [OD]

4 Observe cette figure. Barre les propositions qui sont fausses, puis corrige-les.

a. Le point O est le centre du cercle.

b. [BO] est une corde du cercle.

c. [AN] est le rayon du cercle.

d. [AB] est égal à [CD].

e. [BM] est le diamètre du cercle.

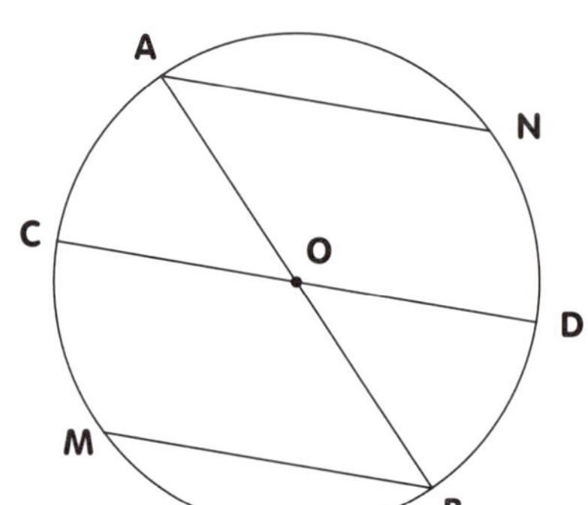

En géométrie, une corde est un segment qui relie deux points d'un cercle ou d'une courbe.

La division avec un chiffre au diviseur

1 Pose ces opérations en colonnes.

a. 854 : 9 **b.** 1 247 : 8 **c.** 2 547 : 7

La division est l'inverse de la multiplication. Pour savoir si ton calcul est juste, multiplie le quotient par le diviseur et ajoute le reste : tu dois obtenir le dividende. Assure-toi aussi que ton reste soit toujours inférieur au diviseur !

2 Résous le problème suivant.
N'oublie pas d'écrire une phrase réponse.

La semaine dernière, un jackpot de 8 538 € a été remporté par 6 joueurs. Combien chacun a-t-il gagné d'argent ?

→ ....

....

Tu peux poser ton calcul sur une feuille à part.

3 Complète cette grille de nombres croisés.

Vertical : A. 1 899 : 9 B. 18 057 : 3 C. 288 : 4 D. 3 528 : 7

Horizontal : E. 1 335 : 5 F. 6 150 : 6 G. 88 : 8 H. 3 696 : 4

	A	B	C	D
E				
F				
G				
H				

DÉFI

Résous cette énigme.

Quatre amis se rencontrent et se serrent la main à tour de rôle.

Combien y a-t-il de poignées de mains en tout ?

→ ....

Décrire et construire des figures

1 Observe la figure et complète son programme de construction avec les mots :
Relie – **côté** – **[EF]** – **milieu** – **point K** – **carré** – **[HE]**.

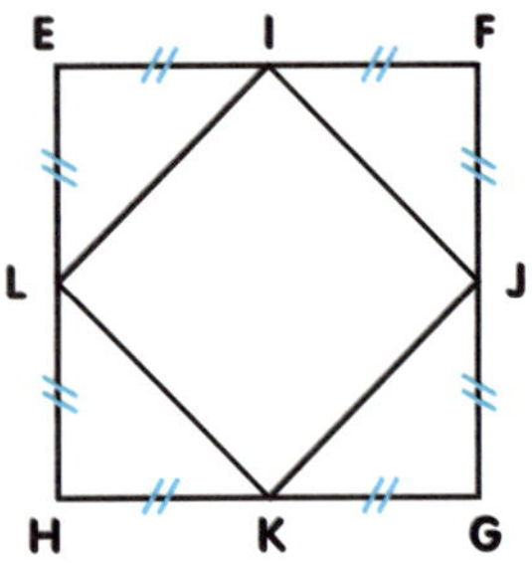

– Trace le .... EFGH de 5 cm de ....

– Place le point I milieu de .... , le point J .... de [FG],

le .... milieu de [GH] et le point L milieu de ....

– .... les points I, J, K et L.

2 Suis ce programme de construction.

– À l'intérieur du rectangle ABCD ci-dessous, trace un carré AEFD (de 13 carreaux de côté).
– Dans ce carré, trace un quart de cercle passant par D et E, et de centre F.
– Toujours dans le rectangle de départ, trace un carré EBGH (de 8 carreaux de côté).
– Dans le carré EBGH, trace un quart de cercle passant par E et G (il prolonge le précédent quart de cercle).
– Trace un carré GCIJ (de 5 carreaux de côté).
– Dans ce carré, trace un quart de cercle passant par I et G (qui prolonge le précédent quart de cercle).
– Continue de même avec un carré IFKL (de 3 carreaux de côté), puis le quart de cercle passant par I et K.
– Continue de même avec un carré KHMN (de 2 carreaux de côté), puis le quart de cercle passant par K et M.
– Continue de même avec un carré MJOP (de 1 carreau de côté), puis le quart de cercle passant par M et O.

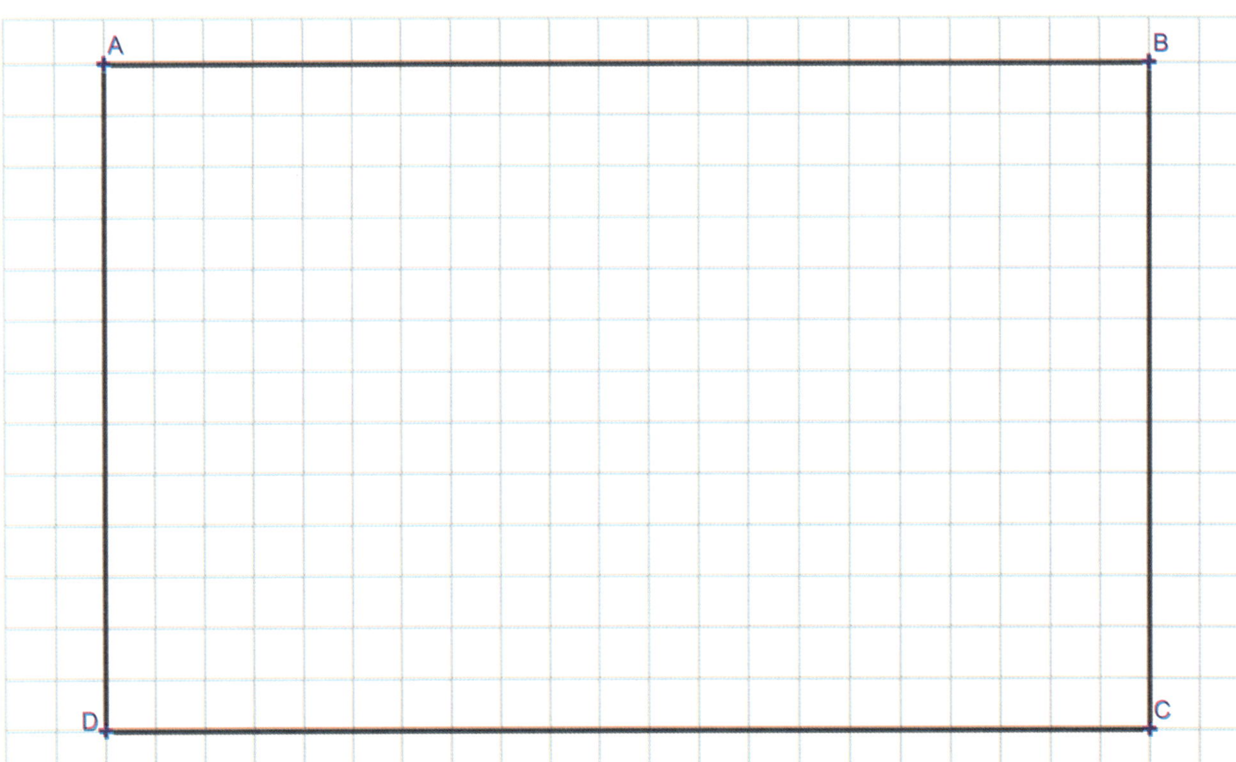

Pour les différents quarts de cercle, les centres (où placer la pointe du compas) doivent être successivement les points F, H, J, L, N, P.

Résoudre des problèmes avec les quatre opérations

1 Repère sur ce tableau les informations dont tu as besoin et effectue les calculs de tête.

	Tarifs – Piscine de Poully-les-Acacias			
	1 heure	2 heures	1 demi-journée	1 journée
Enfant de moins de 16 ans	4,00 €	6,00 €	8,00 €	10,00 €
Adulte de plus de 16 ans	6,00 €	8,00 €	10,00 €	12,00 €
Forfait famille : deux adultes, deux enfants de moins de 16 ans	15,00 €	20,00 €	30,00 €	40,00 €

a. Un groupe d'adolescents de 15 ans achète des entrées à la journée. Ils paient 60 €. Combien ont-ils acheté d'entrées ?

→ ....

b. Franz, 11 ans, Mathieu, 5 ans, et leurs parents choisissent le tarif pour deux heures. Combien vont-ils payer s'ils ne prennent pas le forfait famille ?

→ ....

c. Combien Franz, Mathieu et leurs parents économiseront-ils d'argent s'ils prennent le forfait famille ?

→ ....

d. Le centre aéré emmène un groupe de 9 enfants à la piscine pour la demi-journée. L'entrée est gratuite pour les accompagnateurs. Combien d'argent cette sortie coûtera-t-elle ?

→ ....

Souviens-toi : on utilise l'addition ou la multiplication lorsque l'on cherche un tout, la soustraction lorsque l'on cherche ce qu'il reste et la division lorsque l'on cherche des parts.

2 Résous les problèmes suivants. N'oublie pas d'écrire une phrase réponse.

a. Papa a profité des soldes pour acheter des vêtements à sa fille. Il a acheté 2 pulls à 15 €, 4 paires de chaussettes en taille 31 à 2 € et 1 chemise en taille 8 ans à 18 €. Combien lui ont coûté ses achats ?

→ ....

b. Dans ce magasin, il y a 11 vélos et des tricycles. Je compte 43 roues. Combien y a-t-il de tricycles ?

→ ....

DÉFI

Résous cette énigme.

Lucien prépare les médailles pour des athlètes arrivés entre la 1re et la 30e place.

Combien de fois devra-t-il graver le chiffre 1 ?

→ ....

Évaluation

1 Indique le nom des quadrilatères particuliers suivants.

a. BDGI : ……………………………………

b. ACGI : ……………………………………

c. CEFG : ……………………………………

d. CDGH : ……………………………………

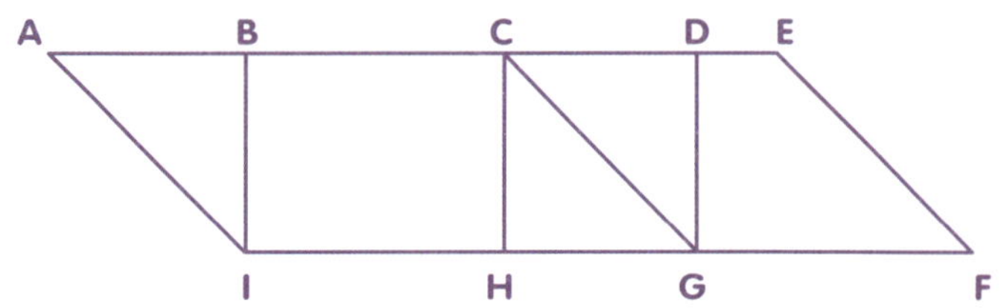

Tu peux relire les leçons des pages précédentes si besoin.

2 Calcule le périmètre des figures suivantes.

a. un carré de 85 cm de côté : ……………………………………

b. un rectangle de 23 cm de large et 28 cm de long : ……………………………………

c. un carré de 15 km de côté : ……………………………………

d. un rectangle de 22 hm de long et 18 hm de large : ……………………………………

3 Résous les problèmes suivants.

a. Un parking constitué de 6 allées compte 582 places.
Combien y a-t-il de places de parking dans chaque allée ?

→ ……………………………………

……………………………………

b. Une course cycliste permettra aux coureurs de parcourir 1 305 km. Ils couvriront cette distance en 9 étapes. En moyenne, quelle sera la longueur d'une étape ?

→ ……………………………………

……………………………………

N'oublie pas de rédiger une phrase réponse.

4 Résous les problèmes suivants.

a. J'ai trois côtés de même longueur. Je suis un triangle …………………… .

b. J'ai deux côtés de même longueur, mais pas d'angle droit. Je suis un triangle …………………… .

c. Je n'ai ni côtés de même longueur ni angle droit. Je suis un triangle …………………… .

20/20

5 Encadre les nombres comme demandé.

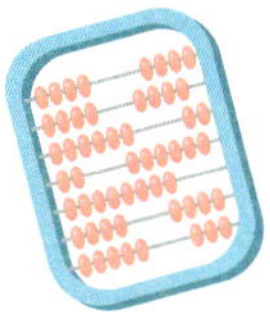

a. Entre deux dizaines consécutives : .... < 13 128 < ....

b. Entre deux centaines consécutives : .... < 895 637 < ....

c. Entre deux dizaines de mille consécutives : .... < 8 453 965 < ....

6 Associe chaque figure à son programme de construction.

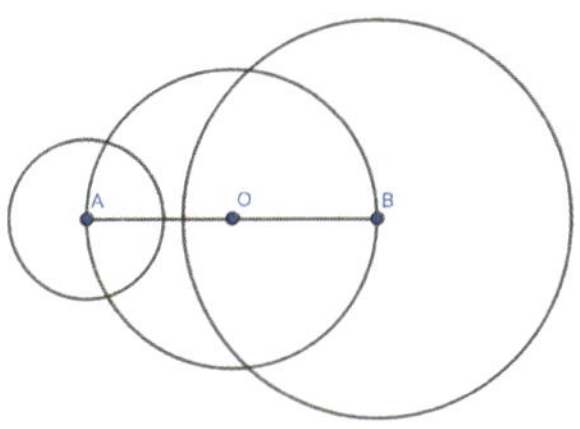

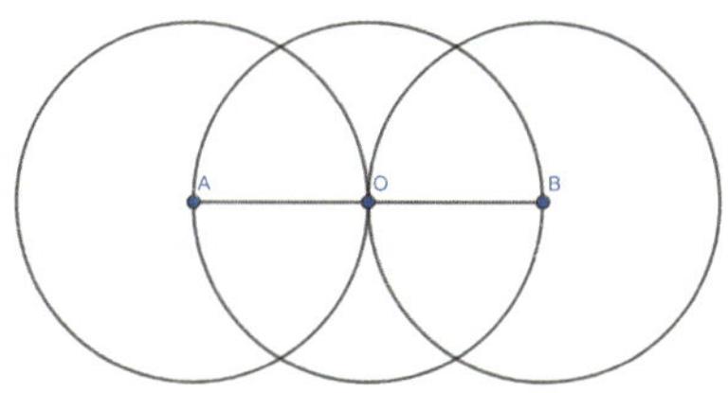

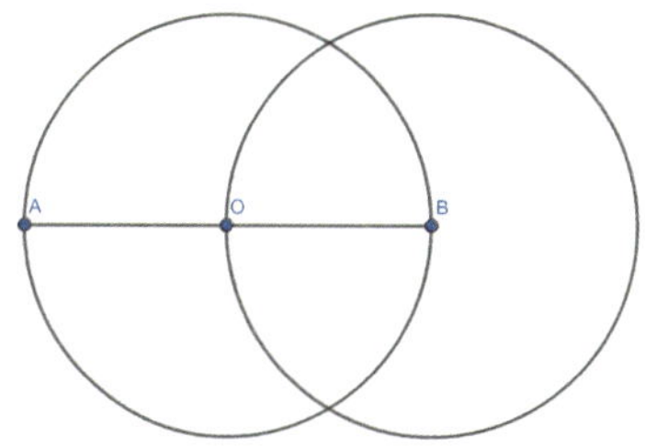

PROGRAMME 1

- Trace un segment [AB] de 3 cm et de milieu O.
- Construis un cercle de centre O et de rayon [AO].
- Construis un cercle de centre B et de rayon [BO].

PROGRAMME 2

- Trace un cercle de centre O et de rayon 15 mm.
- Trace un diamètre [AB].
- Trace un cercle de centre A et de rayon 8 mm.
- Trace un cercle de centre B et de rayon 20 mm.

PROGRAMME 3

- Trace un segment [AB] de 3 cm.
- Trace un cercle de centre A et de rayon 15 mm.
- Trace un cercle de centre B et de rayon 15 mm.
- Nomme O le point d'intersection des deux cercles et du segment [AB].
- Trace un cercle de centre O et de rayon 15 mm.

Tu peux réaliser ces constructions sur une feuille à part, et comparer tes résultats avec les propositions.

TOP CHRONO !

Calcule le plus vite possible.

12 × 5 = ...

26 × 5 = ...

6 200 : 100 = ...

507 000 : 1 000 = ...

56 : 8 = ...

42 : 7 = ...

18 × 50 = ...

44 × 50 = ...

15 200 : 10 = ...

1 500 : 100 = ...

81 : 9 = ...

36 : 6 = ...

Les fractions

1 Indique la fraction qui correspond à la partie colorée de chaque figure.

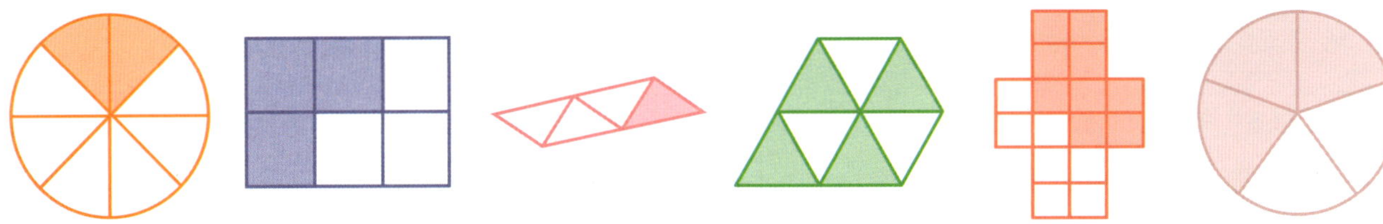

a. $\frac{\ldots}{\ldots}$ b. $\frac{\ldots}{\ldots}$ c. $\frac{\ldots}{\ldots}$ d. $\frac{\ldots}{\ldots}$ e. $\frac{\ldots}{\ldots}$ f. $\frac{\ldots}{\ldots}$

*Tu peux t'aider des bandes et des cercles de la **page 55** pour répondre aux questions !*
Le dénominateur indique en combien de parts égales l'unité a été divisée,
et le numérateur représente le nombre de parts que l'on prend.

2 Écris les fractions suivantes en lettres.

a. $\frac{5}{12}$ = ...

b. $\frac{3}{4}$ = ...

c. $\frac{10}{20}$ = ...

d. $\frac{8}{3}$ = ...

3 Ajoute à l'aide de ta règle les graduations sur le segment, puis places-y les fractions suivantes : $\frac{2}{10}$; $\frac{7}{10}$; $\frac{10}{10}$; $\frac{8}{10}$; $\frac{4}{10}$.

4 Observe l'exemple, puis écris les fractions qui correspondent aux graduations indiquées.

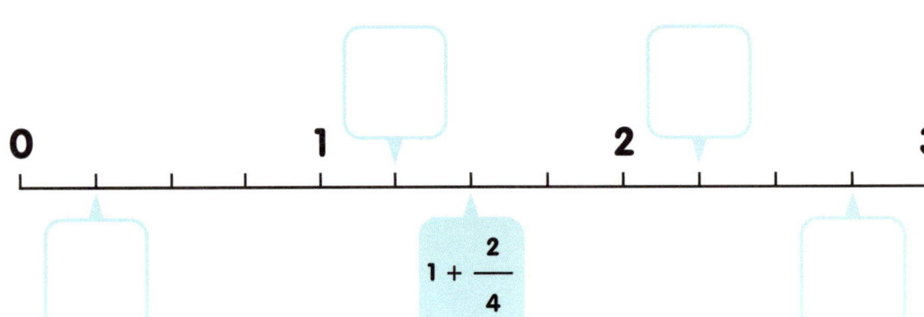

Reproduire et réduire des figures

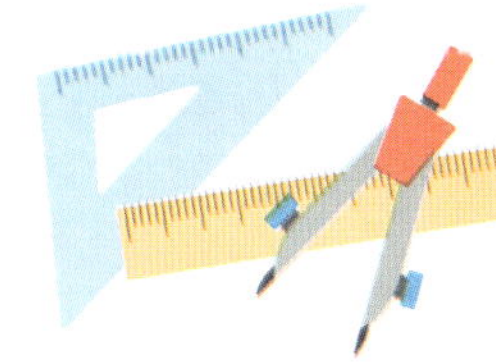

1 Reproduis la figure suivante, en t'aidant du papier pointé.

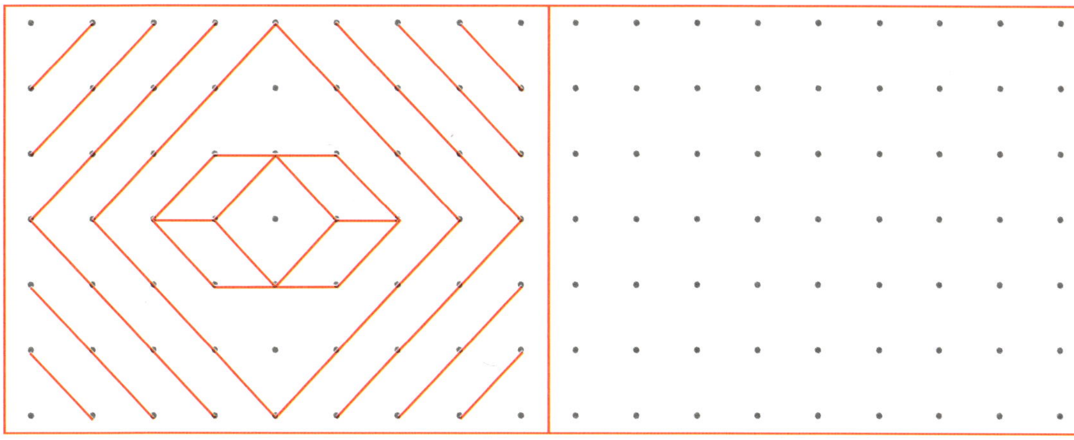

2 Reproduis la figure suivante dans le cadre de droite.

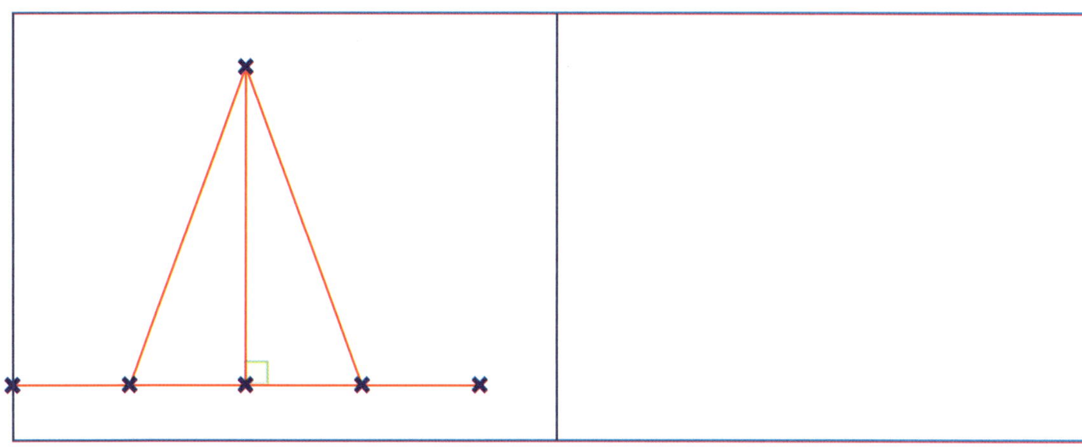

3 Reproduis la figure suivante dans le cadre de droite, en la réduisant de moitié.

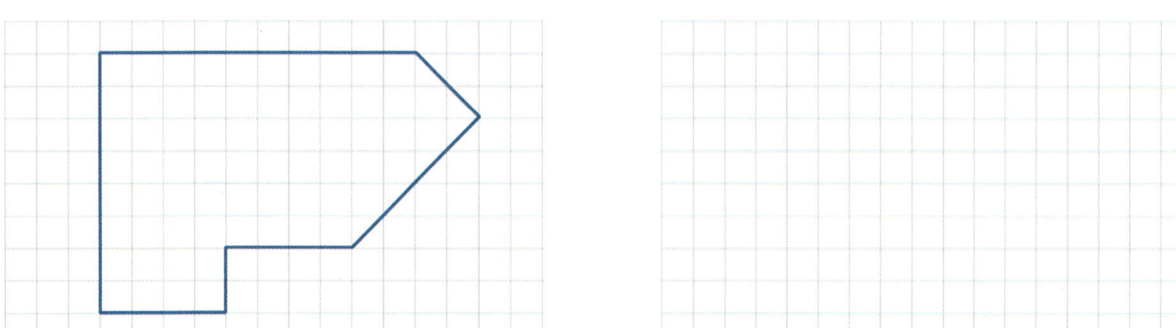

DÉFI

Résous cette énigme.

Je suis un quadrilatère que l'on peut toujours former avec quatre triangles rectangles isocèles identiques.

Qui suis-je ?

→ ....

Deux réponses sont possibles !

Addition et soustraction de nombres décimaux

Pour additionner ou soustraire des nombres décimaux, il faut faire attention à bien aligner les virgules quand on pose l'opération.

1 Pose ces opérations en colonnes.

a. 4,56 + 17,8

b. 1,569 + 28,98

c. 8,4 – 5,67

Lorsque les nombres que tu dois additionner ou soustraire n'ont pas le même nombre de décimales, tu peux ajouter des zéros. 17,8 devient par exemple 17,80.

2 Résous ces problèmes en posant la bonne opération, puis écris une phrase réponse.

a. Pour fabriquer une étagère, ma mère a acheté un tasseau de bois de 2 m. Elle a pour l'instant utilisé 0,95 m. Quelle longueur de tasseau reste-t-il ?

→ ....

....

b. Dans ma tirelire, j'ai 5,45 €. Il me manque 8,95 € pour pouvoir m'acheter ma bande dessinée préférée. Combien la bande dessinée coûte-t-elle ?

→ ....

....

3 Complète cette grille de nombres croisés.

Vertical :

A. 89 – 84,82

B. 1,217 + 1,485

C. 23,1 – 17,5

D. 58,24 + 13,65

Horizontal :

E. 5 – 2,63

F. 56,91 – 52,21

G. 213,96 – 108,16

D. 5 700,35 + 2 568,65

	A	B	C	D
E				
F				
G				
H				

La division avec deux chiffres au diviseur

1 Pose ces opérations en colonnes.

a. 960 : 14

b. 1 584 : 23

Commence par chercher combien de fois il y a 14 dans 96, et combien de fois il y a 23 dans 158.

2 Résous les problèmes suivants. N'oublie pas d'écrire une phrase réponse.

a. Juliette passe le week-end avec 11 amies. Elles vont camper dans la forêt. Pour cette sortie, elles devront être autonomes. Elles transporteront tout ce qui est nécessaire au campement et à la nourriture. Les 12 amies vont devoir se répartir 96 kilos de matériel.
Combien de kilos de matériel chacune d'elles va-t-elle transporter ?

→ ....

....

b. Charlotte, qui est la plus âgée et la plus expérimentée, a calculé qu'il faudrait 132 petits morceaux de bois pour le feu du soir. Elles décident de se répartir équitablement la tâche.
Combien chacune des amies va-t-elle devoir rapporter de morceaux de bois ?

→ ....

....

c. La nuit tombe. Les amies se réunissent autour du feu. Juliette propose de faire griller des chamallows. Diane sort un paquet de 50 chamallows. Charlotte partage équitablement le paquet.
Combien va-t-elle distribuer de chamallows ?
Combien de chamallows ne seront pas distribués ?

→ ....

....

Pense à vérifier ton calcul ! Multiplie le quotient par le diviseur et ajoute le reste : tu dois obtenir le dividende.

DÉFI

Résous cette énigme.

Quand j'avais 4 ans, mon frère avait la moitié de mon âge.

Aujourd'hui, j'ai 18 ans… Quel est l'âge de mon frère ?

→ ....

Les angles

JE RETIENS

Un **angle** est une surface délimitée par deux demi-droites de même origine.
Les demi-droites sont les côtés de l'angle, leur origine est le sommet.

On appelle « **angle aigu** » un angle qui mesure moins de 90° (**angle droit**) et « **angle obtus** » un angle qui mesure plus de 90°.

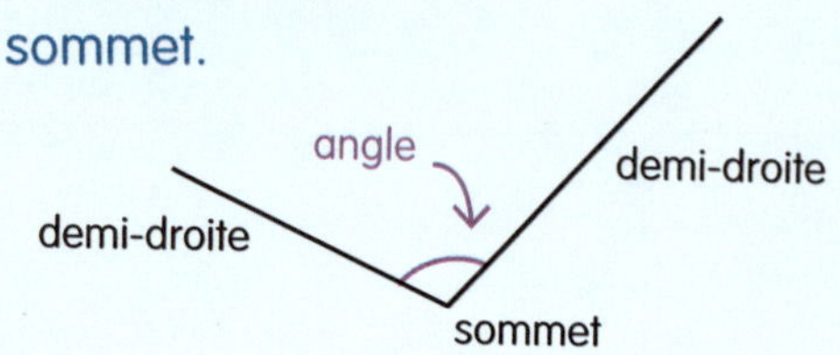

1 Pour chaque angle, indique s'il est droit, aigu, obtus ou plat.

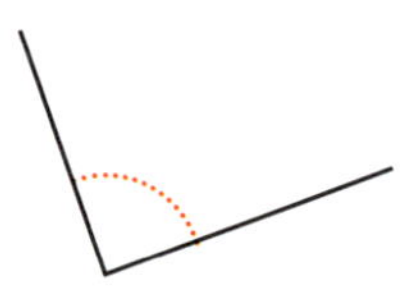

a. ....

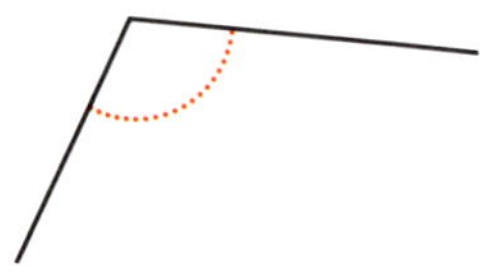

b. ....

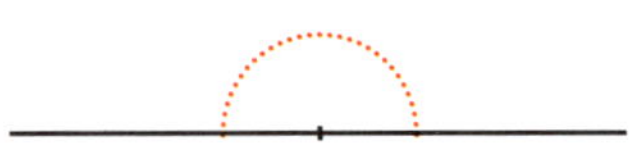

c. ....

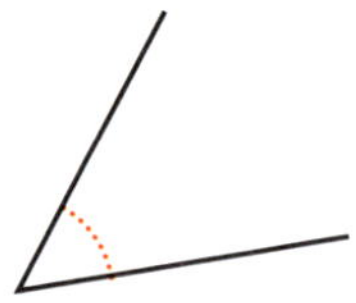

d. ....

Pense à utiliser ton équerre ! Si les deux demi-droites qui forment l'angle sont perpendiculaires, alors il s'agit d'un angle droit.

2 Indique le nombre d'angles de chaque sorte que tu vois.

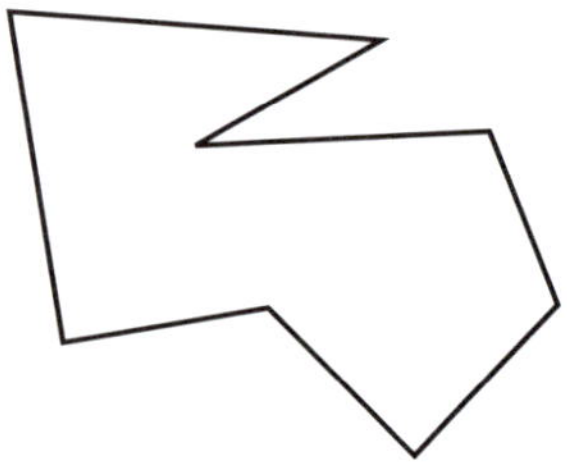

a. .... angles droits.

b. .... angles obtus.

c. .... angles aigus.

La grandeur d'un angle ne se détermine pas à la longueur de ses côtés, mais à celle de son ouverture.

3 Relie le point O à chacun des autres points en respectant les indications.

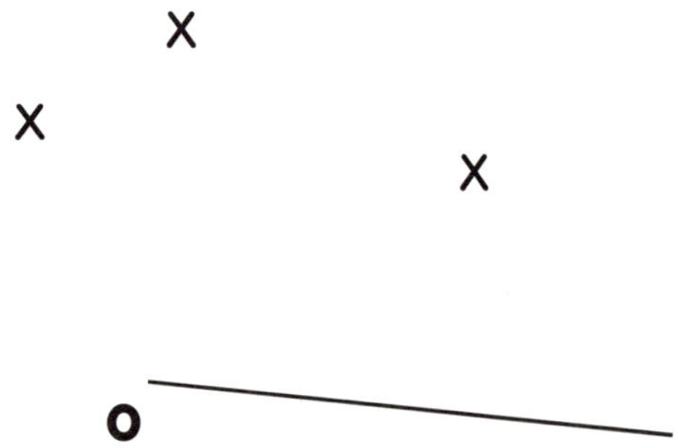

Trace en bleu un segment qui permettra d'obtenir un angle droit, en rouge un segment qui permettra d'obtenir un angle aigu et en vert un segment qui permettra d'obtenir un angle obtus.

La proportionnalité

JE RETIENS

Deux suites de nombres sont proportionnelles lorsque l'on passe d'un terme à l'autre en les multipliant ou les divisant par le même nombre.

× 2,50

Nombre de crêpes	1	2	4	6
Prix (€)	2,50 €	5 €	10 €	15 €

1 Complète ces tableaux de proportionnalité.

a.

× ..... / : ......

1	2	....	6	10
3	....	15	....	....

b.

× ..... / : ......

1	2	4	....	....
....	10	....	30	55

2 Colorie en vert les situations que tu peux résoudre à l'aide de la proportionnalité.

Si 4 bouteilles d'eau coûtent 8 €, combien coûtent 24 bouteilles d'eau ?

Si une fleuriste compose des bouquets de 8 fleurs, combien de fleurs seront nécessaires pour réaliser 10 bouquets ?

Si un enfant fait 85 cm à 2 ans, quelle taille fera-t-il à 30 ans ?

Si 200 g de riz mettent 10 min à cuire, combien de temps faudra-t-il pour en cuire 500 g ?

3 Réponds aux questions.

Lisa se rend dans un magasin de vêtements. Trois bonnets y coûtent 12 €.

× ..... / : ......

Nombre de bonnets	....	....	....	....
Prix	....	....	....	....

a. Combien coûte un bonnet ? → ....

b. Si Lisa paye 20 €, combien aura-t-elle de bonnets ? → ....

c. Lisa choisit finalement de prendre 6 bonnets. Combien devra-t-elle payer ? → ....

DÉFI

Résous cette énigme.

Marine a mélangé 10 chaussettes rouges avec 10 chaussettes vertes dans le même tiroir. Si elle pioche sans regarder, combien doit-elle tirer de chaussettes pour être sûre d'en avoir au moins deux de la même couleur ?

→ ....

Les solides

❶ Associe chaque solide à son nom.

A

B

C

D

pavé droit → ....
pyramide → ....
sphère → ....
prisme → ....

cône → ....
cube → ....
cylindre → ....

E

F

G

*Tu trouveras en **page 52** un mémo sur les solides les plus courants !*

❷ Complète les phrases à propos des solides de droite.

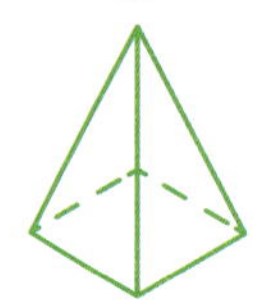

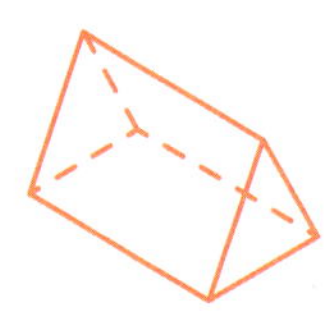

a. Je possède .... faces qui sont toutes des .... identiques. J'ai .... arêtes et .... sommets.

b. Je possède .... faces : une face est un .... , ... faces sont des .... identiques. J'ai .... arêtes et .... sommets.

c. Je possède .... faces : deux faces sont des .... , ... faces sont des .... J'ai .... arêtes et .... sommets.

*Assemble les patrons de la **page 57** : ils t'aideront à répondre aux questions.*

❸ Complète ce patron de pavé droit.

Les nombres décimaux (1)

1 Transforme les fractions en nombres décimaux, comme dans l'exemple.

→ **Exemple :** $\frac{25}{10} = 2{,}5$

a. $\frac{73}{10}$ = ...

b. $\frac{256}{10}$ = ...

c. $\frac{856}{100}$ = ...

d. $\frac{8\,054}{100}$ = ...

e. $\frac{9\,635}{1\,000}$ = ...

f. $\frac{85}{1\,000}$ = ...

2 Complète le tableau avec l'écriture du nombre qui manque.

....	douze unités et cinq dixièmes
5,75	....
....	une unité et quatorze millièmes
8,09	....

Le premier chiffre après la virgule est le chiffre des dixièmes, le deuxième est le chiffre des centièmes et le troisième est le chiffre des millièmes.

3 Décompose les nombres, comme dans l'exemple.

→ **Exemple :** 3,56 = 3 unités + 5 dixièmes + 6 centièmes

a. 4,089 = ...

b. 13,89 = ...

c. 8,574 = ...

d. 0,835 = ...

4 Complète les comparaisons avec le signe qui convient (<, > ou =).

a. 4,7 4,07

b. 21,1 4,987

c. 3,102 3,3

d. 6,65 6,6

e. 4,150 4,15

f. 29,6 29,601

DÉFI

Combien de mini-cubes manque-t-il pour compléter ce grand cube ?

→ ....

Évaluation

1 Indique à quelle fraction de la droite correspondent les lettres suivantes.

A → ...... + $\frac{.........}{.........}$ B → ...... + $\frac{.........}{.........}$ C → ...... + $\frac{.........}{.........}$ D → ...... + $\frac{.........}{.........}$

2 Sous chaque angle, écris sa caractéristique.

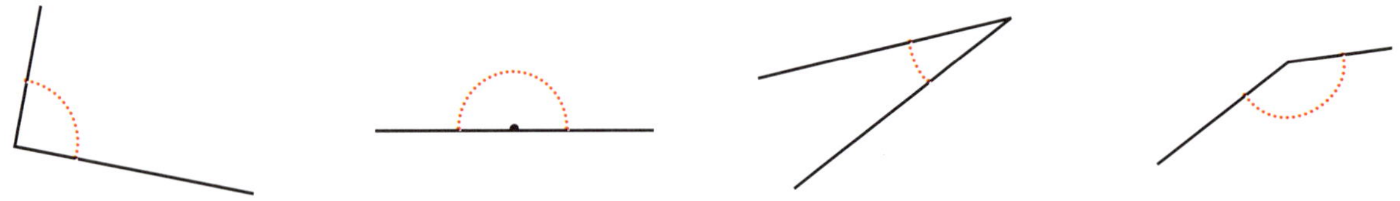

a. .... b. .... c. .... d. ....

3 Pose ces opérations en colonnes.

a. 5,1 + 16,57 b. 7,6 – 1,986 c. 3,456 + 89,7

Commence par aligner les virgules, et ajoute des zéros au centième et au millième si besoin.

4 Écris le nom de ces différents solides.

a. .... b. .... c. .... d. ....

5 Écris le nombre décimal qui correspond à chaque décomposition.

a. 4 dizaines + 3 unités + 8 dixièmes = ...

b. 8 unités + 2 dixièmes + 3 centièmes = ...

c. 1 unité + 5 centièmes + 6 millièmes = ...

6 Alexia revend tous ses anciens jouets au même prix : 3 €.
Réponds aux questions à l'aide du tableau.

a. Combien lui rapporte la vente de 7 jouets ? → ....

b. Combien lui rapporte la vente de 9 jouets ? → ....

c. Combien lui rapporte la vente de 11 jouets ? → ....

Nombre de jouets	1	2	....	....	....	10
Prix de vente	3 €	6 €	....	....	....	30 €

7 Reproduis la figure suivante dans le cadre de droite, en la réduisant de moitié.

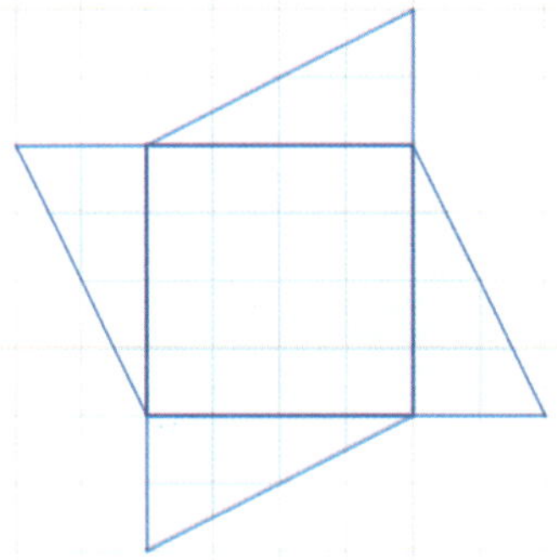

Pour multiplier rapidement par 11 un nombre inférieur un 100, sépare les deux chiffres, additionne-les et place le résultat entre les deux parties !

TOP CHRONO !

Calcule le plus vite possible.

8 × 11 = ...

22 × 11 = ...

1 481 + ... = 1 500

1,81 + ... = 2

2,36 × 10 = ...

3,4 + 1,7 = ...

15 × 11 = ...

34 × 11 = ...

2 617 + ... = 2 700

4,7 + ... = 5

3,415 × 100 = ...

13,03 + 6,78 = ...

Les pourcentages

JE RETIENS

Un **pourcentage** correspond à une **fraction sur 100**. Il indique une proportion dans un ensemble. Pour l'exprimer, on utilise le symbole **%** (pour cent). **Exemple :**

- $25\ \% = \frac{25}{100} = \frac{1}{4} = 0{,}25$ = le quart.
- $75\ \% = \frac{75}{100} = \frac{3}{4} = 0{,}75$ = les trois-quarts.
- $50\ \% = \frac{50}{100} = \frac{1}{2} = 0{,}5$ = la moitié.
- $100\ \% = \frac{100}{100} = \frac{1}{1} = 1$ = un entier.

1 Relie chaque pourcentage à la proportion qu'il représente.

$\frac{8}{8}$ • $\frac{2}{4}$ • $\frac{2}{8}$ • $\frac{12}{16}$ •

• 75 % • 25 % • 50 % • 100 %

*Tu peux t'aider des bandes et des cercles de **page 55**.*

2 Écris le nombre d'enfants qui pratiquent chaque sport.

Sur 100 enfants, 25 % font de la danse, 50 % font du football, 65 % font du basket et 33 % font du tennis.

danse	football	basket	tennis
....	....	....	....

3 Calcule les pourcentages suivants.

a. 30 % de 400 € → ....

b. 60 % de 900 kg → ....

c. 80 % de 20 L → ....

d. 75 % de 140 m → ....

Par exemple, pour connaître la valeur de 30 % de 400 €, effectue ce calcul : 30 × 400 : 100.

4 Résous les problèmes suivants. N'oublie pas d'écrire une phrase réponse.

a. Dans une école de 650 élèves, 46 % sont des filles. Combien y a-t-il de garçons ?

→ ....

....

b. Anaïs a 74 timbres dans sa collection. Son grand-père lui en offre 50 % de plus. Combien a-t-elle de timbres à présent ?

→ ....

....

La multiplication de nombres décimaux

JE RETIENS

Attention : quand on **multiplie deux nombres décimaux**, il faut penser à mettre la virgule au résultat. Pour cela, on commence par compter le nombre de chiffres dans la partie décimale des nombres de départ, puis on met autant de chiffres dans la partie décimale au nombre du résultat.

Exemple : 2,<u>56</u> × 3,<u>4</u> = 8,<u>704</u>
① ② ③ ①②③

N'oublie pas… trois chiffres au départ, trois chiffres à l'arrivée !

1 Pose ces opérations en colonnes.

a. 4,9 × 6 **b.** 85 × 2,7 **c.** 6,25 × 25,1

2 Place la virgule au résultat des opérations suivantes.

a. 7,6 × 894 = 6 7 9 4 4
b. 3,7 × 1,23 = 4 5 5 1
c. 0,351 × 19 = 6 6 6 9
d. 5,21 × 3,76 = 1 9 5 8 9 6
e. 0,12 × 0,85 = 0 1 0 2 0
f. 2,478 × 1,54 = 3 8 1 6 1 2

3 Colorie de la même couleur les étiquettes qui représentent le même nombre.

60,84 | 11 × 2,5 | 38,1 | 8 × 5,9 | 15,21 × 4
47,2 | 13,01 × 6 | 27,5 | 78,06 | 12,7 × 3

Tu peux poser tes calculs sur une feuille à part.

DÉFI

Coche les nombres qui sont des multiples de 9.

◯ 324 ◯ 802 ◯ 459 ◯ 1 276

Les nombres décimaux (2)

1 Range les nombres dans l'ordre demandé.

a. Ordre croissant : 3,45 2,897 3,1 3,596 2,9

....

b. Ordre décroissant : 4,145 4 4,05 4,1489 4,12

....

c. Ordre croissant : 65,1 6,54 6,514 6,509 6,51

....

Regarde la partie entière de ces nombres puis, si elles sont égales, les décimales. Tu dois toujours commencer par regarder les dixièmes, puis les centièmes, et enfin les millièmes.

2 Place les nombres sur la droite.

a. 9,2 – 10,1 – 8,5 – 11,1 – 10,6

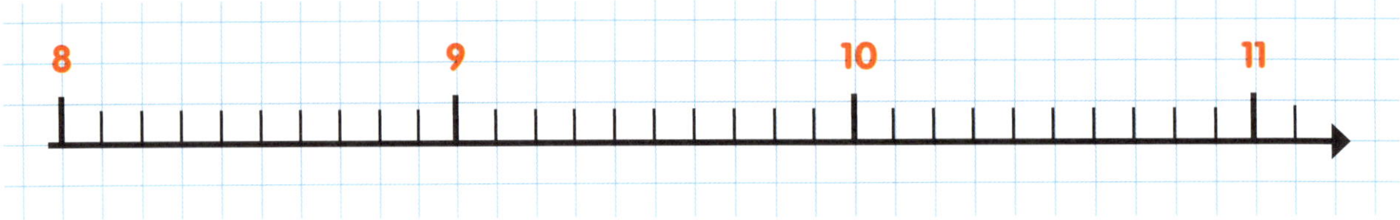

b. 6,51 – 7,07 – 6,89 – 6,8 – 5,95

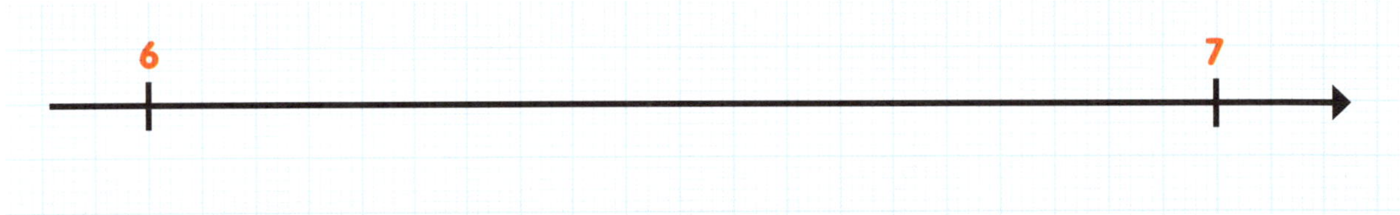

3 Encadre les nombres.

a. À l'unité près.

.... < 15,64 < .... < 0,9 < ....

b. Au dixième près.

.... < 13,48 < .... < 2,569 < ....

c. Au centième près.

.... < 4,587 < .... < 102,327 < ....

Échelles et vitesses

JE RETIENS

- L'**échelle** est le rapport proportionnel entre un objet et sa réduction ou son agrandissement. Par exemple, sur une carte à l'échelle, les longueurs sont réduites mais proportionnelles aux longueurs réelles.
- La **vitesse** est le rapport proportionnel entre une longueur parcourue et le temps mis à la parcourir. Par exemple, on calcule la vitesse de déplacement d'une voiture en kilomètre/heure.

1 Un TGV qui roule à 250 km/h parcourt 250 kilomètres en un 1 heure.

a. Complète le tableau.

Temps de trajet	1 h	2 h	5 h	....
Distance parcourue	250 km	....	....	1 750 km

b. Une nouvelle ligne qui mesure 2 000 km est mise en place. Quelle est la durée de ce trajet ?

→ ....

2 Que signifient ces mesures ?

a. $\frac{1}{250}$: .... sur le plan correspond à .... en réalité.

b. 60 km/h : .... sont parcourus en ....

c. 13 m/s : .... sont parcourus en ....

Sur un plan, l'échelle est exprimée en centimètres. Par exemple, si sur une carte on peut lire « Échelle = 1 : 25 000 », cela signifie que 1 cm sur la carte correspond à 25 000 cm (ou 250 m).

3 Le plan de Vivianne est à l'échelle $\frac{1}{30}$. Complète le tableau.

Sur le plan (cm)	5	15	25	30
Distance réelle (cm)	....	....	....	....

DÉFI Observe cette suite logique et trouve la figure manquante.

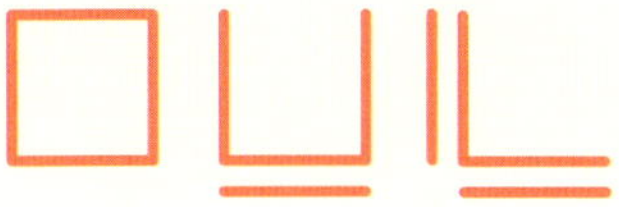

a.  **b.**  **c.** 

Les durées

JE RETIENS

1 siècle = 100 ans	**1 année** = 365 (ou 366) jours	**1 semaine** = 7 jours
1 jour = 24 heures	**1 heure** = 60 minutes	**1 minute** = 60 secondes

1 Réalise les conversions suivantes.

a. 14 siècles = ... ans ; 600 ans = ... siècles

b. 5 semaines = ... jours ; 52 semaines = ... jours

c. 4 jours = ... heures ; 72 heures = ... jours

d. 5 heures = ... minutes ; 420 minutes = ... heures

e. 15 minutes = ... secondes ; 480 secondes = ... minutes

En fonction de la durée que l'on souhaite mesurer, il est important de choisir l'unité la plus adaptée. Par exemple, l'âge d'un enfant se mesurer en année, tandis qu'une journée d'école se mesure en heures !

2 Résous ces problèmes en posant la bonne opération, puis écris une phrase réponse.

a. Un film commence à 10 h 30. Il dure 2 h 10. À quelle heure le film finit-il ?

→ ....

....

b. Nous avons roulé en voiture pendant 1 h 20. Il est à présent 16 h 00.

À quelle heure sommes-nous partis ?

→ ....

....

c. Il est actuellement 8 h 50. Mon bus part dans 43 minutes. À quelle heure mon bus part-il ?

→ ....

....

3 Réalise les conversions suivantes.

a. 85 minutes = ... heures et .... minutes.

b. 215 minutes = ... heures et .... minutes.

Résoudre des problèmes avec les nombres décimaux

1 Amandine et Gaël s'achètent trois DVD, l'un à 13,80 euros, l'autre à 10,50 euros et le troisième à 19,65 euros. Combien vont-ils payer en tout pour l'achat des 3 DVD ? Pose l'addition en colonne et fais attention aux retenues.

	d	u		dixièmes	centièmes
	◯	◯			
	1	3	,	8	0
+	1	0	,	5	0
+	1	9	,	6	5
=	......	......	,	....	....

→ ....

....

Lorsque tu additionnes les dixièmes et que le résultat dépasse 10, tu dois placer la retenue dans la colonne des unités.

2 Résous les problèmes suivants. N'oublie pas de rédiger une phrase réponse.

a. Lucas économise pour acheter un maillot de foot qui coûte 55,50 euros. Il a compté 41,85 euros dans sa tirelire.
Combien d'euros Lucas doit-il encore économiser pour acheter le maillot ?

→ ....

....

b. Dans une course de voitures, les pilotes doivent faire 54 tours d'un circuit long de 4,67 km.
Quelle distance totale les pilotes parcourent-ils ?

→ ....

....

c. Un champ rectangulaire mesure 4,5 hm de large, et 127 hm de long.
Quelle est sa superficie ?

→ ....

....

DÉFI

Sauras-tu résoudre cette opération ?

Si ★ + ★ = 8,5 et ☾ + ☾ = 14,6 combien font ★ + ☾ ?

→ ....

L'aire

JE RETIENS

L'**aire** d'une figue, c'est l'étendue de sa surface, c'est-à-dire la place qu'elle occupe.
Pour exprimer l'aire, on peut parler en nombre de carreaux, mais aussi en **cm²**, **m²**, **km²**, etc.
Pour calculer plus rapidement une aire, on peut utiliser une formule :

pour le **carré** :
côté × côté

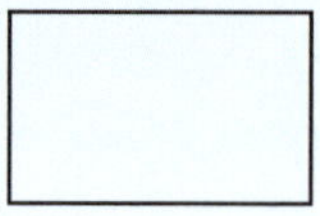

pour le **rectangle** :
longueur × largeur

1 Indique l'aire des trois figues suivantes (l'unité est le carreau).

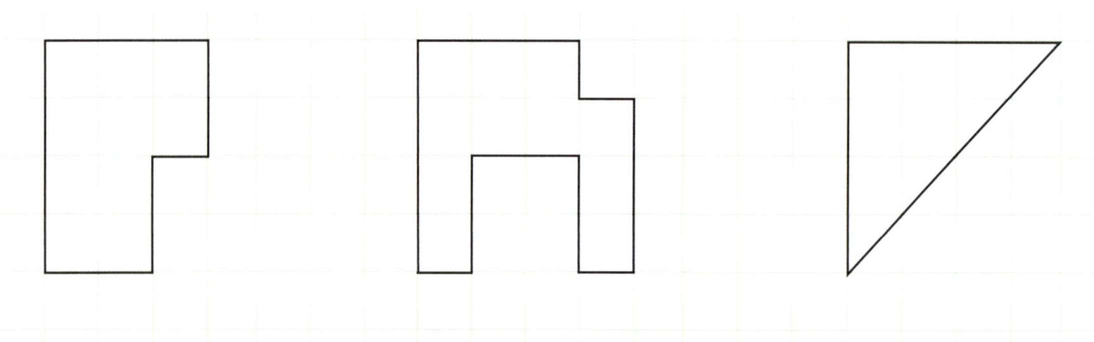

a. ....

b. ....

c. ....

2 Trace un premier carré qui a une aire de 16 carreaux, et un autre qui a une aire de 9 carreaux.

3 Calcule l'aire des figures décrites ci-dessous.

a. un carré de 8 cm de côté → ....

b. un rectangle de 6 cm de large et 9 cm de long → ....

c. un carré de 32 m de côté → ....

Si on multiplie un mètre par un mètre, on obtient un mètre carré (m²). Si on multiplie un centimètre par un centimètre, on obtient un centimètre carré (cm²).

Diviser un nombre décimal par un nombre entier

1 Pose cette opération en colonnes : 826,5 : 5.

Pour diviser un nombre décimal par un nombre entier, la méthode est la même que pour diviser deux nombres entiers. Il suffit simplement de placer la virgule dans le quotient au moment où on la rencontre dans le dividende.

2 Résous ces problèmes.

a. Papa charge Luce d'aller acheter du pain à la boulangerie. Luce revient avec 2 pains qu'elle a payés 5,20 euros.
Combien coûte un pain ?

→ ....

....

b. Papa remercie Luce de s'être bien acquittée de cette course, mais il lui fait observer que pour 5,20 euros, elle aurait pu acheter 4 baguettes tradition.
Combien coûte la baguette tradition ?

→ ....

....

DÉFI

Sur ces quatre horloges, deux sont en avance et une en retard.
Laquelle est à l'heure ?

a. b. c. d.

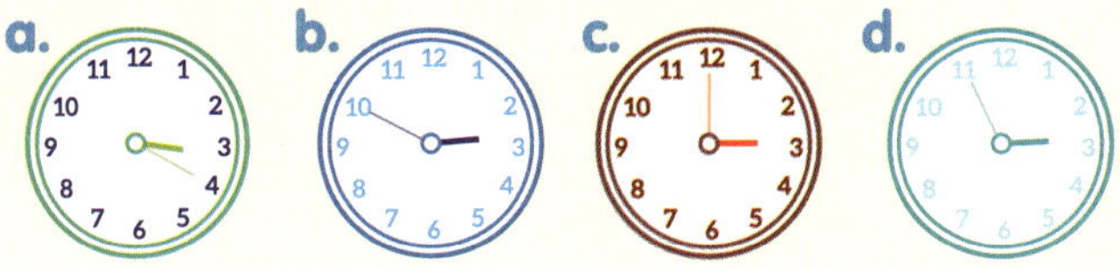

→ ....

Évaluation

1 Calcule l'aire des figures évoquées.

a. Un carré de 10 cm de côté → ....

b. Un rectangle de 17 cm de large et 32 cm de long → ....

c. Un carré de 25 km de côté → ....

2 Résous ces problèmes en posant la bonne opération, puis écris une phrase réponse.

a. Ce matin, un marchand a vendu 254 journaux à 1,90 €.
Combien les journaux lui ont-ils rapporté ?

→ ....

....

b. Bastien mesure la cour à l'aide d'un bâton de 0,78 m. Il arrive à le reporter 64 fois dans la longueur. Quelle est la longueur de la cour ?

→ ....

....

c. Dans une remorque, on a entassé 37 cartons qui pèsent en moyenne 13,2 kg.
Quelle masse la remorque transporte-t-elle ?

→ ....

....

Tu peux poser tes calculs sur une feuille à part.

3 Résous ces problèmes en posant la bonne opération, puis écris une phrase réponse.

a. Un train part à 9 h 10 pour un trajet de 5 h 40.
À quelle heure le train arrivera-t-il ?

→ ....

....

b. Nous sortons du cinéma à 22 h 00. Nous venons de voir un film qui a duré 1 h 35.
À quelle heure le film a-t-il commencé ?

→ ....

....

20/20

4 Encadre les nombres.

a. À l'unité près. .... < 54,78 < .... < 1,45 < ....

b. Au dixième près. .... < 8,905 < .... < 0,17 < ....

c. Au centième près. .... < 6,478 < .... < 5,918 < ....

5 Une voiture parcourt 60 kilomètres en 1 heure. Complète le tableau.

Temps de trajet	1 h	....	5 h	....
Distance parcourue	....	180 km	....	600 km

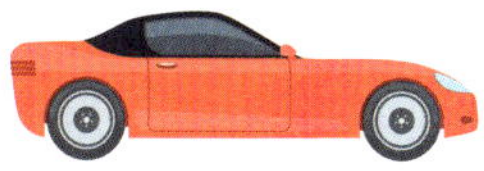

6 Pose ces opérations en colonnes.

a. 2,25 × 3,8

b. 19,90 : 5

TOP CHRONO !

Calcule le plus vite possible.

14,5 : 10 = ...

27 : 10 = ...

8,4 – 0,3 = ...

9,6 – 2,7 = ...

45 × 20 = ...

4 × (5 + 3) = ...

612,3 : 100 = ...

0,2 : 100 = ...

5,7 – 0,8 = ...

6,3 – 0,5 = ...

13 × 30 = ...

(13 + 3 + 18) : 2 = ...

Les tables de multiplication

Entraîne-toi à réciter tes tables, tu dois les connaître par cœur !

Table de 1

$1 \times 1 = 1$
$2 \times 1 = 2$
$3 \times 1 = 3$
$4 \times 1 = 4$
$5 \times 1 = 5$
$6 \times 1 = 6$
$7 \times 1 = 7$
$8 \times 1 = 8$
$9 \times 1 = 9$
$10 \times 1 = 10$

Table de 2

$1 \times 2 = 2$
$2 \times 2 = 4$
$3 \times 2 = 6$
$4 \times 2 = 8$
$5 \times 2 = 10$
$6 \times 2 = 12$
$7 \times 2 = 14$
$8 \times 2 = 16$
$9 \times 2 = 18$
$10 \times 2 = 20$

Table de 3

$1 \times 3 = 3$
$2 \times 3 = 6$
$3 \times 3 = 9$
$4 \times 3 = 12$
$5 \times 3 = 15$
$6 \times 3 = 18$
$7 \times 3 = 21$
$8 \times 3 = 24$
$9 \times 3 = 27$
$10 \times 3 = 30$

Table de 4

$1 \times 4 = 4$
$2 \times 4 = 8$
$3 \times 4 = 12$
$4 \times 4 = 16$
$5 \times 4 = 20$
$6 \times 4 = 24$
$7 \times 4 = 28$
$8 \times 4 = 32$
$9 \times 4 = 36$
$10 \times 4 = 40$

Table de 5

$1 \times 5 = 5$
$2 \times 5 = 10$
$3 \times 5 = 15$
$4 \times 5 = 20$
$5 \times 5 = 25$
$6 \times 5 = 30$
$7 \times 5 = 35$
$8 \times 5 = 40$
$9 \times 5 = 45$
$10 \times 5 = 50$

Table de 6

$1 \times 6 = 6$
$2 \times 6 = 12$
$3 \times 6 = 18$
$4 \times 6 = 24$
$5 \times 6 = 30$
$6 \times 6 = 36$
$7 \times 6 = 42$
$8 \times 6 = 48$
$9 \times 6 = 54$
$10 \times 6 = 60$

Table de 7

$1 \times 7 = 7$
$2 \times 7 = 14$
$3 \times 7 = 21$
$4 \times 7 = 28$
$5 \times 7 = 35$
$6 \times 7 = 42$
$7 \times 7 = 49$
$8 \times 7 = 56$
$9 \times 7 = 63$
$10 \times 7 = 70$

Table de 8

$1 \times 8 = 8$
$2 \times 8 = 16$
$3 \times 8 = 24$
$4 \times 8 = 32$
$5 \times 8 = 40$
$6 \times 8 = 48$
$7 \times 8 = 56$
$8 \times 8 = 64$
$9 \times 8 = 72$
$10 \times 8 = 80$

Table de 9

$1 \times 9 = 9$
$2 \times 9 = 18$
$3 \times 9 = 27$
$4 \times 9 = 36$
$5 \times 9 = 45$
$6 \times 9 = 54$
$7 \times 9 = 63$
$8 \times 9 = 72$
$9 \times 9 = 81$
$10 \times 9 = 90$

Table de 10

$1 \times 10 = 10$
$2 \times 10 = 20$
$3 \times 10 = 30$
$4 \times 10 = 40$
$5 \times 10 = 50$
$6 \times 10 = 60$
$7 \times 10 = 70$
$8 \times 10 = 80$
$9 \times 10 = 90$
$10 \times 10 = 100$

Les unités de mesure

Pour te servir de ce tableau, c'est très simple ! Place toujours en premier le chiffre des unités du nombre à convertir. Pour savoir dans quelle colonne tu dois le placer, il suffit de regarder quelle est l'unité de mesure du nombre.
Tu ne dois placer qu'un seul chiffre par colonne !
Une fois tous les nombres convertis dans la même unité, tu peux effectuer ton opération !

LONGUEURS

km	hm	dam	m	dm	cm	mm
kilomètre	hectomètre	décamètre	mètre	décimètre	centimètre	millimètre

MASSES

kg	hg	dag	g	dg	cg	mg
kilogramme	hectogramme	décagramme	gramme	décigramme	centigramme	milligramme

CAPACITÉS

kL	hL	daL	L	dL	cL	mL
kilolitre	hectolitre	décalitre	litre	décilitre	centilitre	millilitre

Les formes géométriques

Les formes planes

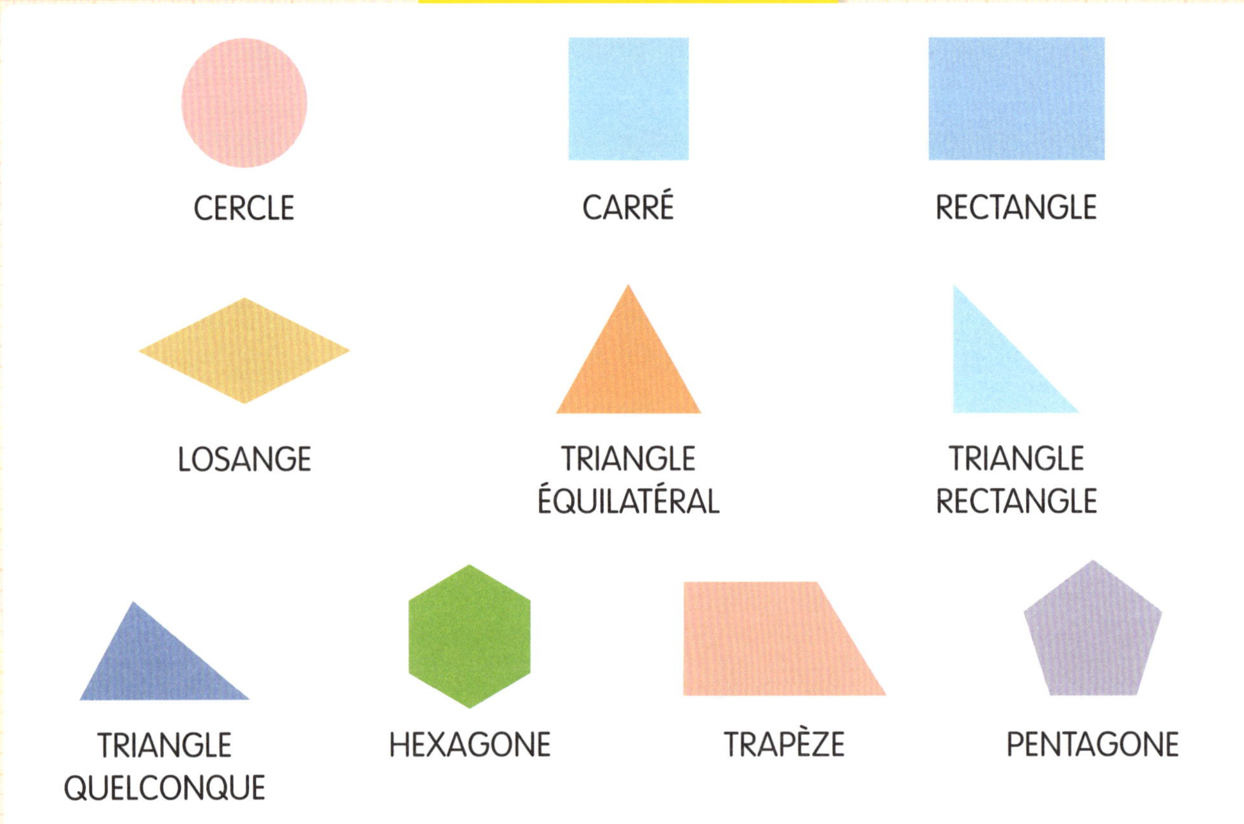

Les solides

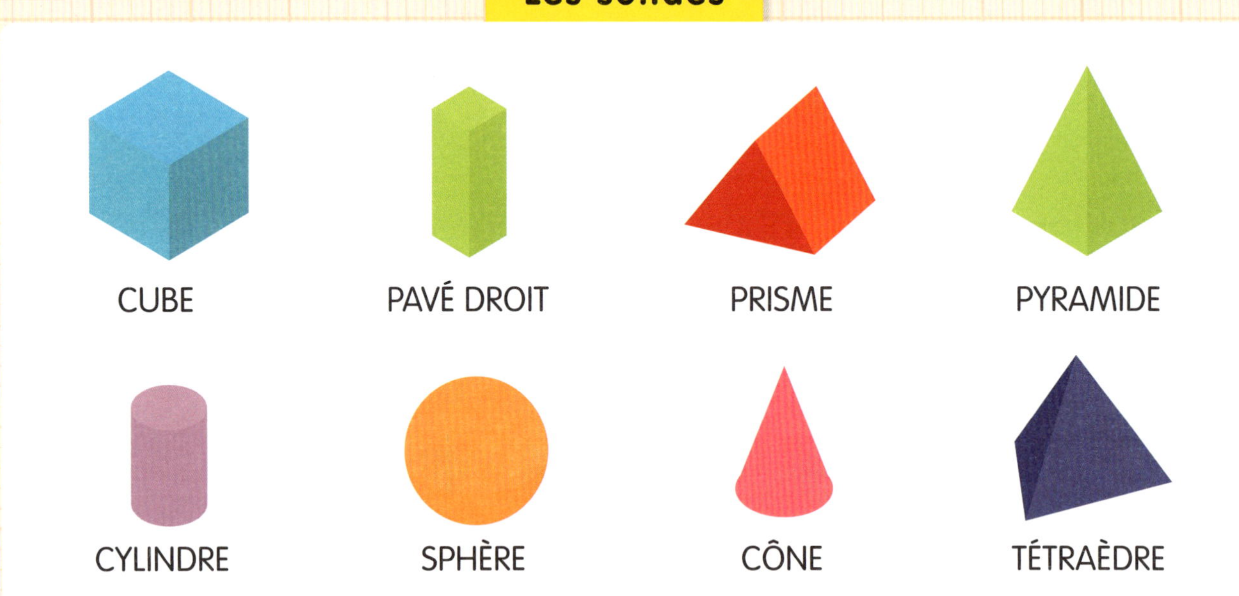

A

Q

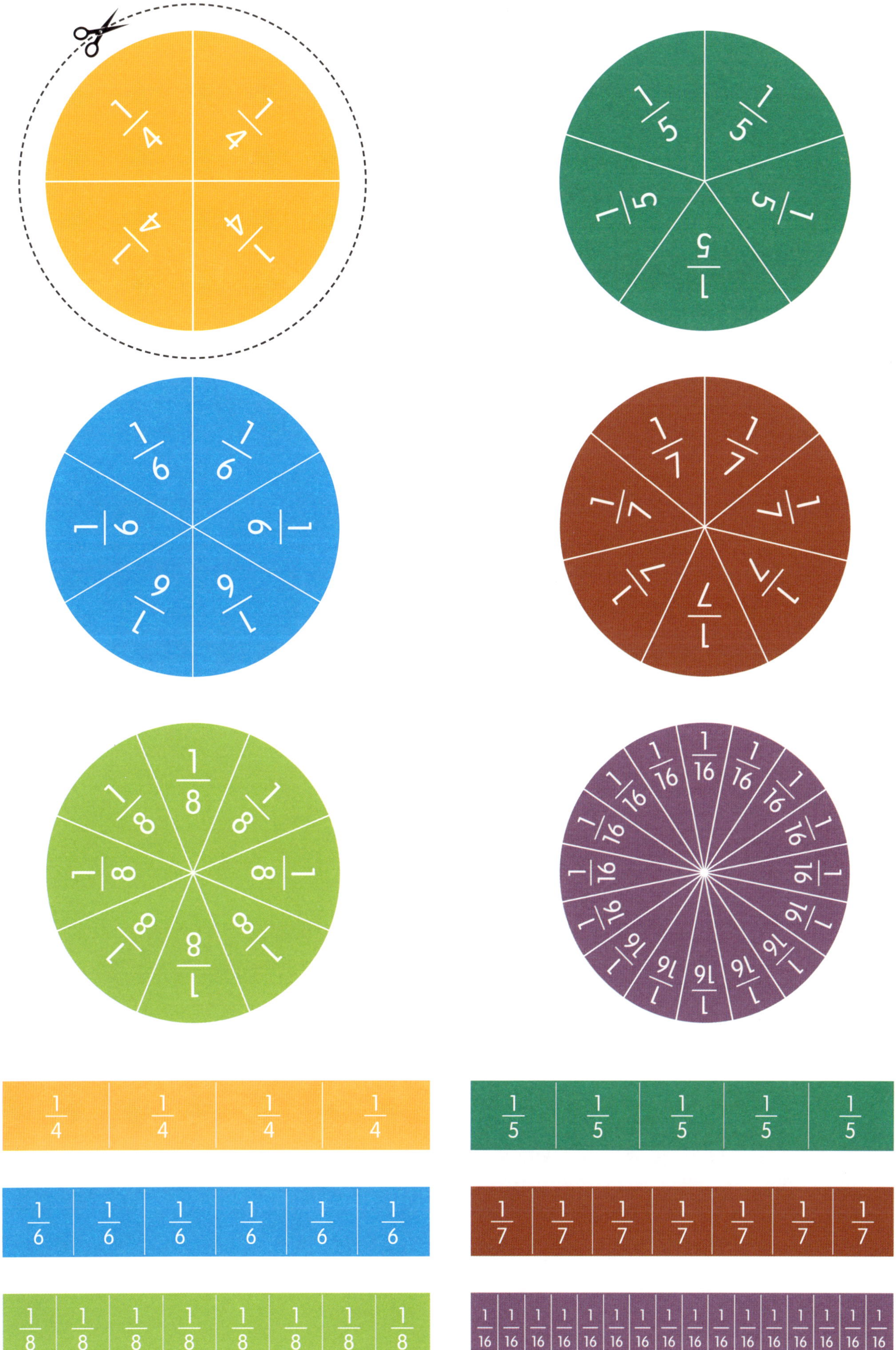
1/4 1/4 1/4 1/4
1/5 1/5 1/5 1/5 1/5
1/6 1/6 1/6 1/6 1/6 1/6
1/7 1/7 1/7 1/7 1/7 1/7 1/7
1/8 1/8 1/8 1/8 1/8 1/8 1/8 1/8
1/16 1/16 1/16 1/16 1/16 1/16 1/16 1/16 1/16 1/16 1/16 1/16 1/16 1/16 1/16 1/16

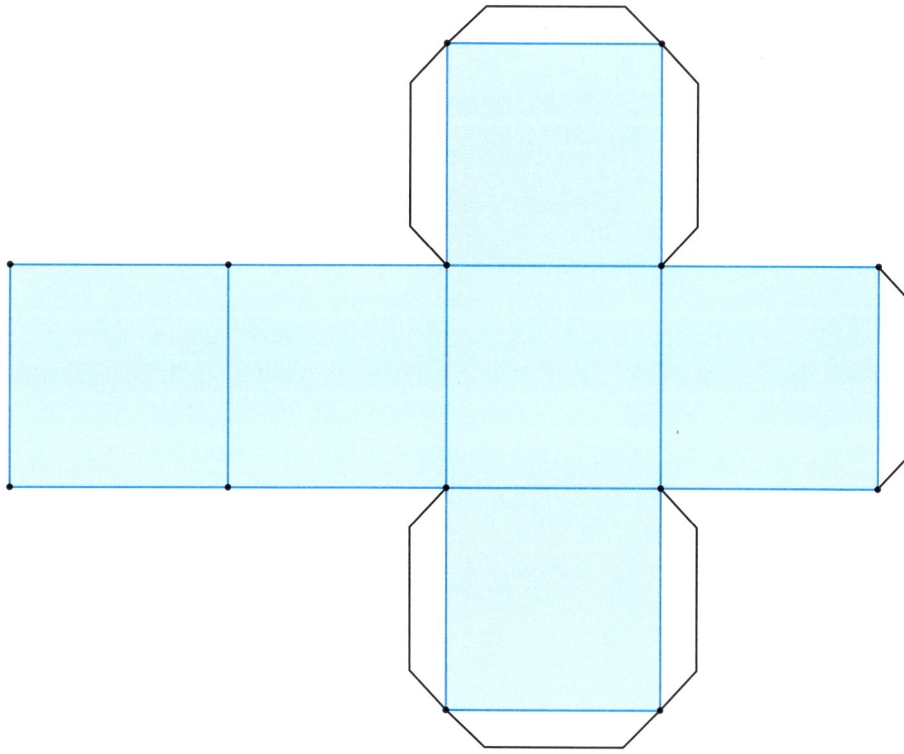

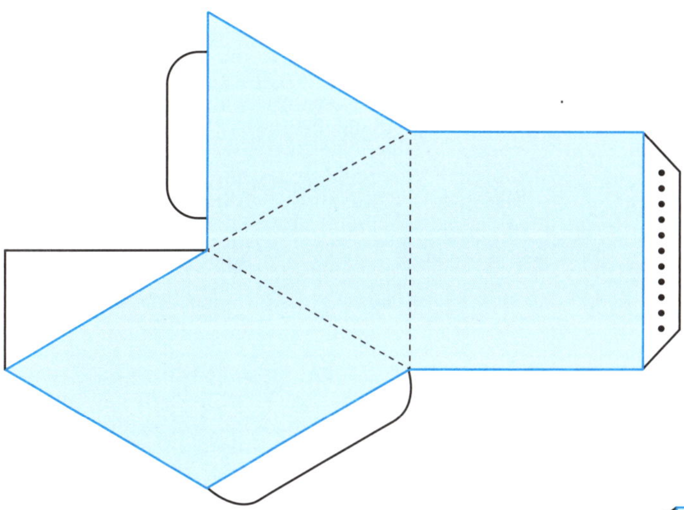

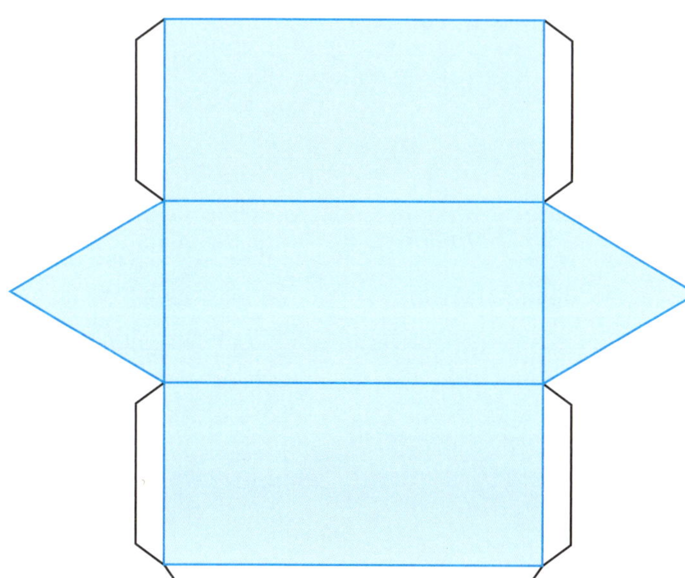

Découpe les patrons en suivant les traits noirs, puis plie sur les traits bleus.
Tu pourras ensuite les assembler en collant les languettes blanches !

Corrigés

PAGE 6

1. a) 4 personnes ont adopté chacune un chien, 2 personnes ont chacune adopté un chat. b) Madame Latour gagne 2 150 € par mois. Monsieur Livron gagne 120 € de moins par mois que Madame Latour.
2. a) Le tarif de la place enfant.
b) Le nombre de rangées de fraisiers et le nombre de framboisiers dans une rangée.
3. a) Il manque le nombre d'œufs dans une boîte.
b) Il manque le nombre d'amis.
4. Il faut savoir que le mot « volailles » désigne les poules, les canards et les dindons.

PAGE 7

1. a)

		2	5	6	3
+	1	4	9	8	5
=	1	7	5	4	8

b)

	3	2	0	1	4
–	1	7	8	9	6
=	1	4	1	1	8

2. a) 584 – 436 = 148. **148 élèves** ne mangent pas à la cantine. b) 29 + 6 = 35. Tom a lancé son javelot à **35 mètres**.
3. a) 2 159 ; 2 293 ; **2 427** ; **2 561** ; **2 695**. (+134)
b) 5 689 ; 5 567 ; **5 445** ; **5 323** ; **5 201**. (–122)
c) 6 362 ; 6 418 ; **6 474** ; **6 530** ; **6 586**. (+56)

1, 2, 3 et 4.

PAGE 8

1.

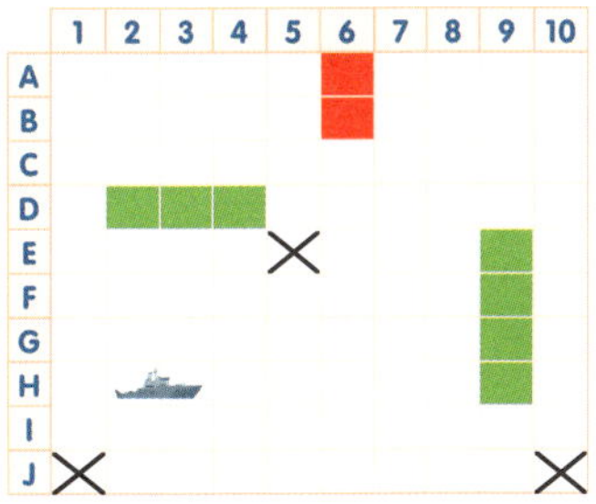

d) [H ; 2] – [H ; 3].

2.

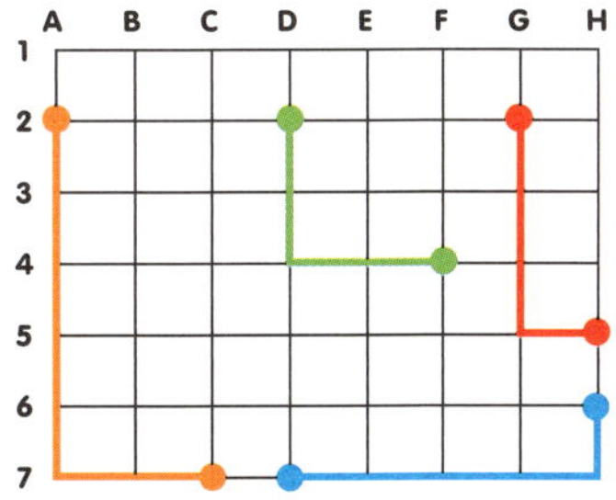

3. a) 4. b) La ligne verte. c) Oui. d) Berri-Uqam.
e) Non ; Jean-Talon. f) 27.

PAGE 9

1. a) **a** est perpendiculaire à **d**. b) **b** est perpendiculaire à **c**.
c) **e** est perpendiculaire à **f**.
2.

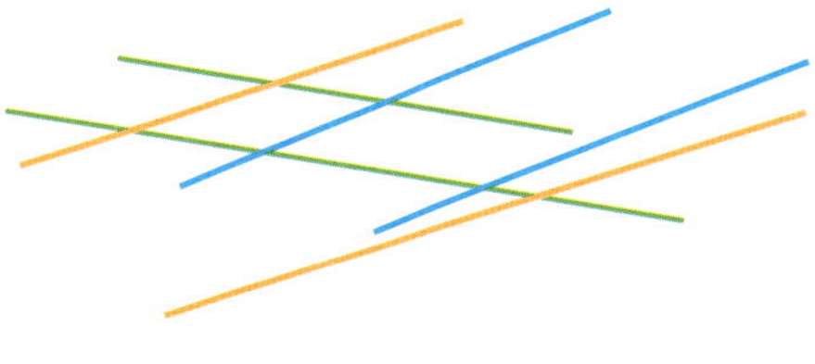

3. a) V. b) F. c) F. d) V.

52 ; 135 ; 252 ; 174.

PAGE 10

1.

	Quantité	Prix unitaire	Total
Robes	**17**	**13 €**	**221 €**
Pulls	**23**	**21 €**	**483 €**
Pantalons	**70**	**15 €**	**1 050 €**
		TOTAL	**1 754 €**

2. a) Oui. b) Non. c) Non. d) Oui. e) Non.
3.

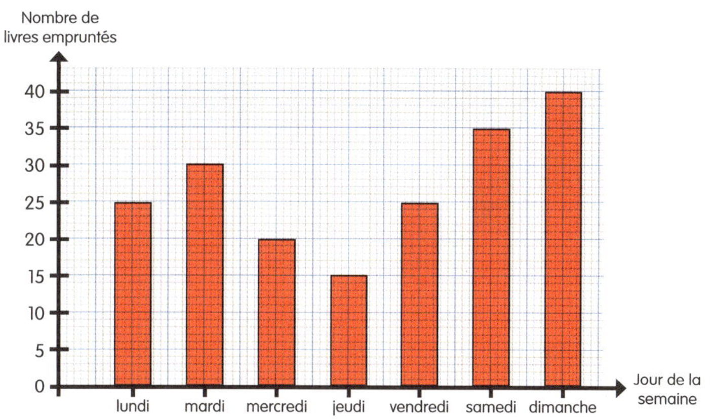

PAGE 11

1.

seize millions trois cent quarante-deux mille	**16 342 000**
deux millions cinq cent mille cent quarante	2 500 140
deux cents millions cinquante mille cent soixante-dix-neuf	**200 050 179**
sept cent quarante millions cinq mille quatre-vingt-neuf	740 005 089

2. a) 569 635 **>** 58 687. b) 399 654 **<** 401 269.
c) 911 579 **=** 911 579. d) 512 203 369 **<** 512 230 369.
3. a) 5 841 987 < 5 850 099 < 51 965 789 < 52 998 007 < 56 896 100. b) 9 050 003 > 9 001 236 > 8 963 563 > 8 963 536 > 8 515 974. c) 99 045 863 < 121 256 336 < 136 896 870 < 1 099 045 863 < 1 210 556 985.
4.

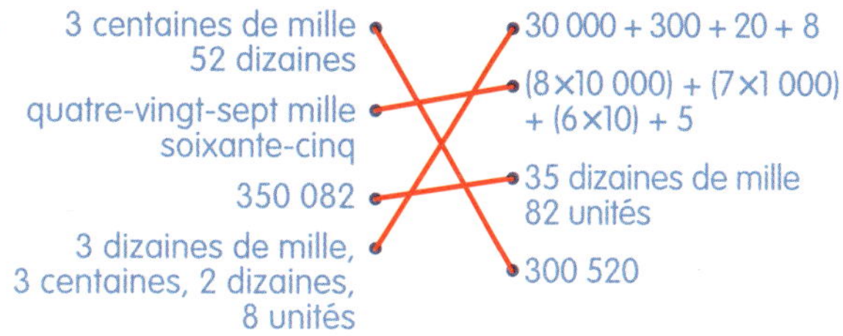

Non.

PAGE 12

1. a) Non. b) Oui. c) Oui. d) Non.

2. a) b) c) d) e)

3.

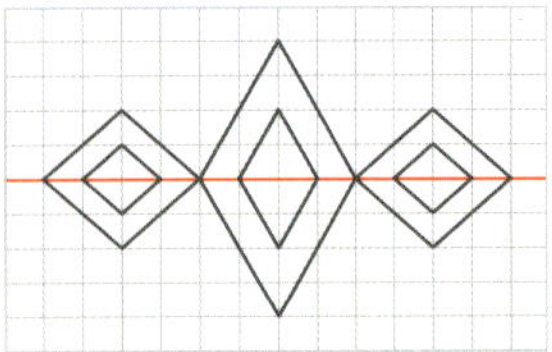

PAGE 13

1. a)

		4	7
×			5
=	4	3	5

b)

			2	6
×			4	7
		1	8	2
+	1	0	4	0
=	1	2	2	2

c)

			5	7
×			6	2
		1	1	4
+	3	4	2	0
=	3	5	3	4

2. a) 54 × 6 = 324. Mon voisin a **324 billes**.
b) 27 × 46 = 1 242. La salle peut contenir **1 242 spectateurs**. c) 289 × 3 × 8 = 6 936.
La dernière recette du marchand s'élève à **6 936 €**.

3.

	A	B	C	D
E		1	3	5
F	3	8	6	4
G	1	5		6
H	2	0	4	

1, 2 et 3 (1 + 2 + 3 = 6 ; 1 × 2 × 3 = 6).

PAGE 14

1. a) 70,7. b) 852. c) 0,05. d) 4 880. e) 0,1402. f) 1 320. g) 6,630. h) 4 600.

2. a) 10. b) 10. c) 20. d) 100. e) 100. f) 100. g) 1 000. h) 1 000.

3.

×	10	100	1 000
33	330	3 300	33 000
65,1	651	6 510	65 100
2,152	21,52	215,2	2 152
490,24	4 902,4	49 024	490 240

:	10	100	1 000
74	7,4	0,74	0,074
95,1	9,51	0,951	0,0951
2,756	0,2756	0,02756	0,002756
147,53	14,753	1,4753	0,14753

4. a) Vrai. b) Faux. c) Vrai. d) Vrai.

PAGE 15

1.

hectomètres	mètres	**décimètres**	millimètres
hm	**m**	dm	**mm**

2. a) kilomètres. b) mètres. c) centimètres. d) millimètres.

3. a) **3 km**. b) **45 000** dm. c) **1 520 mm**. d) **28** m.

4. a) 4 500 m + 6 850 m + 11 000 m = 22 350 m.
Nous avons parcouru **22 350 m**.
b) 200 cm – 60 cm = 140 cm ; 140 cm – 50 cm = 90 cm.
Il reste **90 cm** de papier cadeau.

8 jours (l'escargot monte de 1 mètre chaque jour. Au jour 7, il aura monté 7 mètres. Au jour 8, il montera de 3 mètres le matin et sera donc sorti du puits, puisque 7 + 3 = 10. Il lui faut donc 8 jours pour sortir).

PAGE 16

1. a)

		5	6	3	3
+	4	8	8	5	6
=	5	4	4	8	9

b)

	1	5	0	2	1
–		6	8	7	4
=		8	1	4	7

2. Droites perpendiculaires : **a et c** ; **e et h**.
Droites parallèles : **b et d** ; **f et g**.

3. a) Cinq millions six cent vingt mille cinq cents.
b) 30 170 000. c) deux cents millions douze mille trois cent quarante. d) 843 000 292.

4. a) 428 × 7 = 2 996. Mon oncle possède **2 996 timbres**.
b) 85 × 67 = 5 695. Il y a **5 695 places** en tout.

PAGE 17

5. a) **15** km. b) **140** m. c) **380** mm. d) **13 200** mm.

6. Ce paquebot mesure **360** mètres de long sur **60** mètres de large. Il y a **2 700** cabines pour **6 700** passagers et **2 100** membres d'équipage.
a) 1 100 + 50 + 50 + 25 + 75 + 20 + 10 + 20 + 10 = 360.
b) 750 + 150 + 25 + 75 + 650 + 50 + 230 + 270 + 380 + 120 = 2 700.
c) 1 000 + 904 + 20 + 5 + 1 075 + 20 + 400 + 6 + 10 + 230 + 270 + 2 760 = 6 700.
d) 1 400 + 1 + 9 + 2 + 3 + 400 + 6 + 8 + 191 + 80 = 2 100.
e) 1 + 9 + 20 + 5 + 2 + 3 + 4 + 6 + 8 + 2 = 60.

175 ; 357 ; 326 ; 591 ; 28 ; 48 ; 45 ; 0 ; 2 700 ; 36 000 ; 14 580 ; 48 700.

PAGE 18

1.

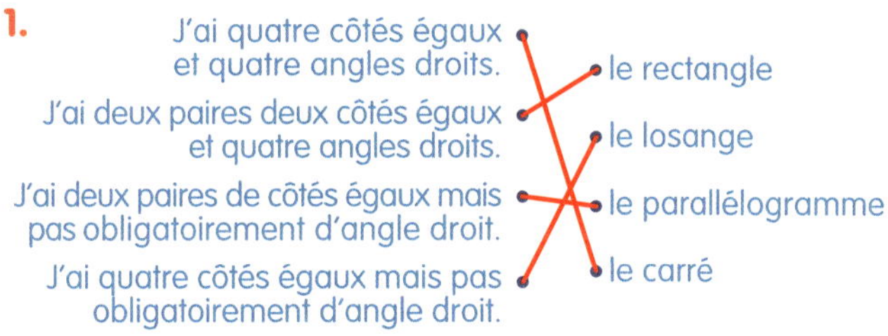

2. a) rectangle. b) carré. c) parallélogramme. d) losange.

3. a)

b)

PAGE 19

1.

	Divisible par 3	Divisible par 5	Divisible par 10
245		X	
310		X	X
2 127	X		
3 015	X	X	

2. a) diviseur. b) multiple. c) diviseur. d) multiple.

3. 5 **6** **1** **12** 7 8 **3**
4 9 **2** 10 11 24

4. a) 26 – 88 – 408 – 6 248 – 9 352.
b) 16 – 20 – 148 – 508 – 5 540 – 7 436.
c) 18 – 36 – 63 – 117 – 5 121 – 7 002.

30 ; 60 ; 90.

PAGE 20

1. a) 391 250. b) 1 238 900. c) 110 475 800.

2. a) 02 234 569 ; 96 543 220.
b) 0 013 458 999 ; 9 998 543 100.
c) 01 133 455 669 ; 96 655 433 110.

3. **a)** 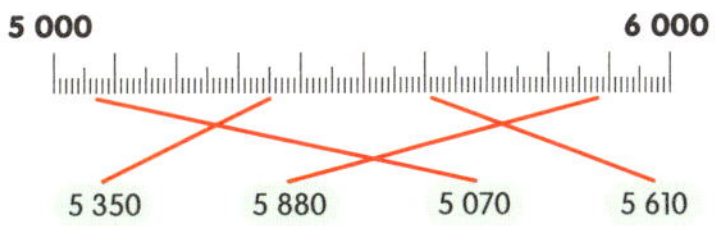

b) 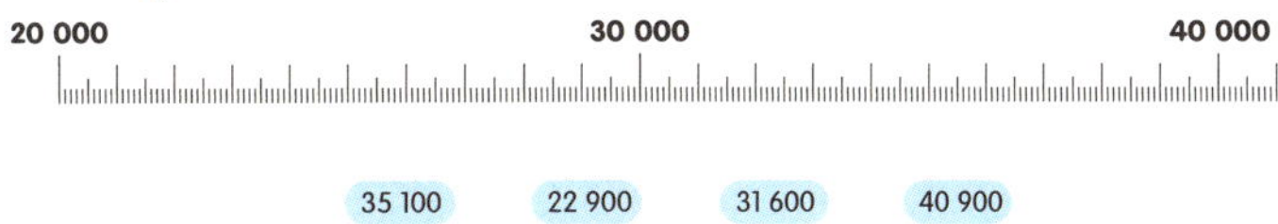

4. **a)** **65 100** < 65 180 < **65 200**.
b) **2 560 000** < 2 563 180 < **2 570 000**.

PAGE 21

1. **a)** **16 cm**. **b)** **13 cm**.

2. La figure **B**.

3. **a)** **64 cm**. **b)** **24 cm**. **c)** **42 dm**.

(25 + 30) × 2 = 110.
Luc aura besoin de 110 mètres de grillage.

PAGE 22

1. **a)** 65 kg. **b)** 65 t. **c)** 6,5 t. **d)** 65 g. **e)** 650 g. **f)** 6,5 g.

2. **a)** 200 000 mg. **b)** 63 000 cg. **c)** 450 g. **d)** 30 kg.
e) 5 600 dag. **f)** 9 g.

3. **a)** 1L **>** 10 cL. **b)** 25L **>** 250mL. **c)** 7 500L **<** 75kL.
d) 60 cL **<** 6 000 mL. **e)** 1L + 10 cL **>** 1 010 mL.
f) 1 kL + 50 mL **>** 10 050 cL.

4. **a)** 30 L – 12 L = 18 L. Marc a encore **18 L** d'essence dans son réservoir. **b)** 150 cL + 100 cL = **250 cL**.
La contenance totale des deux bouteilles est de 250 cL.
c) 125 g + 120 g + 250 g + 100 g + 1 g + 5 g = 601 g.
La masse de la pâte est **601 g**.

PAGE 23

1.

Triangle	Nombre de côtés égaux	Nombre d'angles droits	Famile
A	0	0	**quelconque**
B	0	1	**rectangle**
C	3	0	**équilatéral**
D	0	2	**isocèle**

2. **a)** 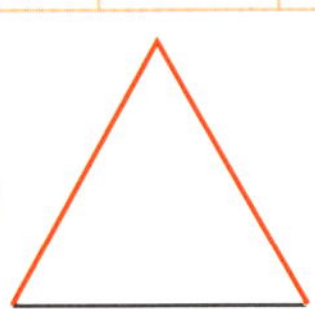 **b)** 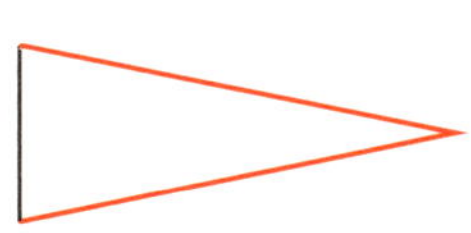

3. 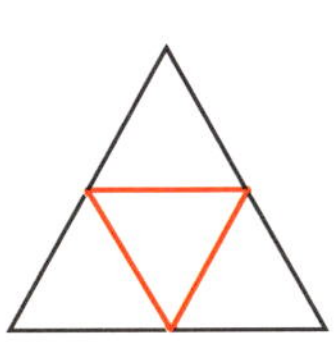

20.

PAGE 24

1.

Rayon	6 cm	**50 mm**	180 mm	**50 cm ou 0,5 m**
Diamètre	**12 cm**	100 mm	**360 mm**	1 m

2. 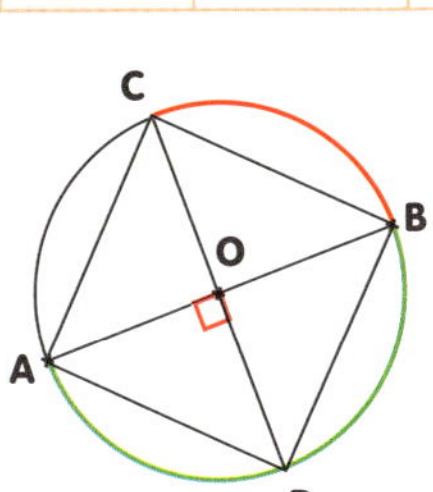

d) Un carré.

3. 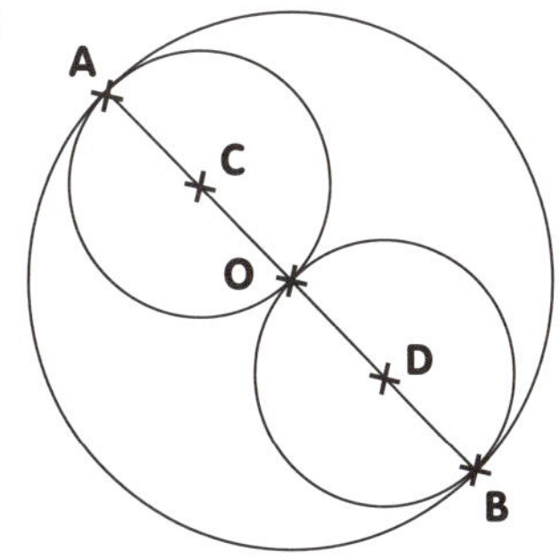

4. **a)** Le point O est le centre du cercle. **b)** ~~[BO] est une corde du cercle~~. → [BO] est un rayon du cercle.
c) ~~[AN] est le rayon du cercle~~. → [AN] est une corde du cercle. **d)** [AB] est égal à [CD]. **e)** ~~[BM] est le diamètre du cercle~~. → [BM] est une corde du cercle.

PAGE 25

1. **a)** 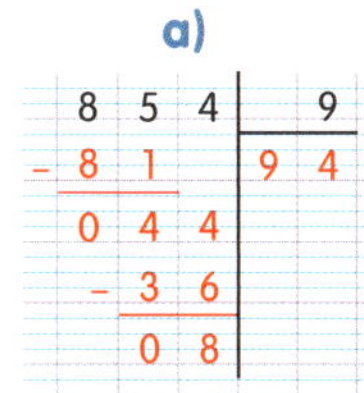

b) 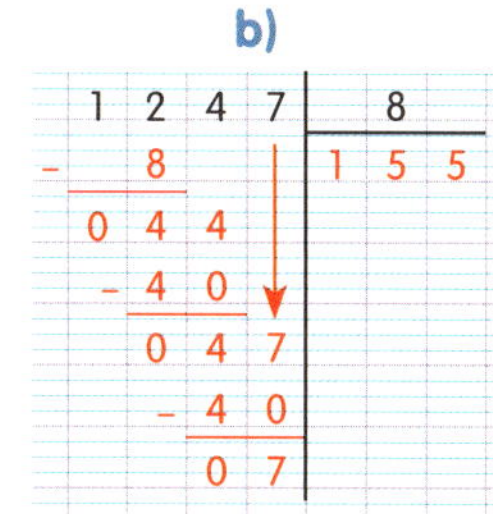

c) 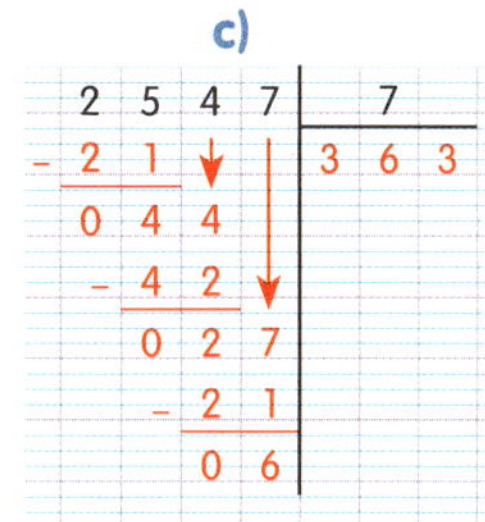

2. 8 538 : 6 = 1 423. Chaque joueur a remporté **1 423 €**.

3.

	A	B	C	D
E	2	6	7	
F	1	0	2	5
G	1	1		0
H		9	2	4

Il y a 6 poignées de main.

PAGE 26

1. Trace le **carré** EFGH de 5 cm de **côté**. Place le point I milieu de **[EF]**, le point J **milieu** de [FG], le **point K** milieu de [GH] et le point L milieu de **[HE]**. **Relie** les points I, J, K et L.

2. 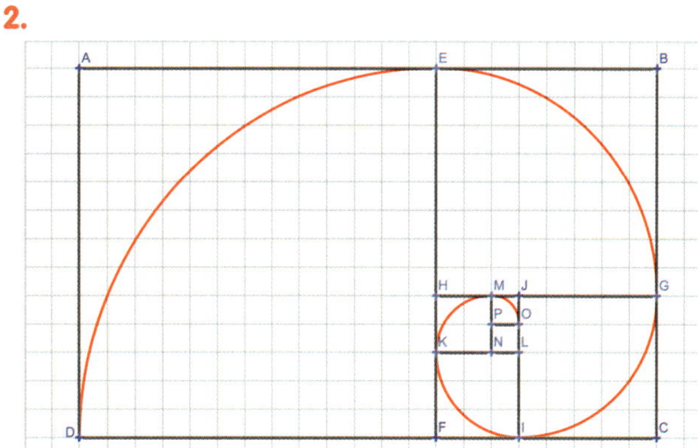

PAGE 27

1. **a)** 60 : 10 = 6. Ils ont acheté **6 entrées**.
   b) 6 + 6 + 8 + 8 = 28. Ils vont payer **28 €**.
   c) 28 – 20 = 8. Ils économiseront **8 €**.
   d) 8 × 9 = 72. Cette sortie coûtera **72 €**.
2. **a)** Prix des pulls : 15 × 2 = 30 ; Prix des chaussettes : 2 × 4 = 8 ; Total des achats : 30 + 8 + 18 = 56. Ses achats ont coûté **56 €**. **b)** Roues des vélos : 2 × 11 = 22. Roues des tricycles : 43 – 22 = 21. On sait qu'un tricycle a 3 roues. Nombre de tricycles : 21 : 3 = 7. Il y a **7 tricycles**.

13.

PAGE 28

1. **a)** Rectangle. **b)** Parallélogramme. **c)** Losange. **d)** Carré.
2. **a)** **340 cm**. **b)** **102 cm**. **c)** **60 km**. **d)** **80 hm**.
3. **a)** 582 : 6 = 97. Dans chaque allée, il y a **97 places de parking**. **b)** 1 305 : 9 = 145. En moyenne, chaque étape fera **145 km**.
4. **a)** Équilatéral. **b)** Isocèle. **c)** Quelconque.

PAGE 29

5. **a)** **13 120** < 13 128 < **13 130**.
   b) **895 600** < 895 637 < **895 700**.
   c) **8 450 000** < 8 453 965 < **8 460 000**.
6.

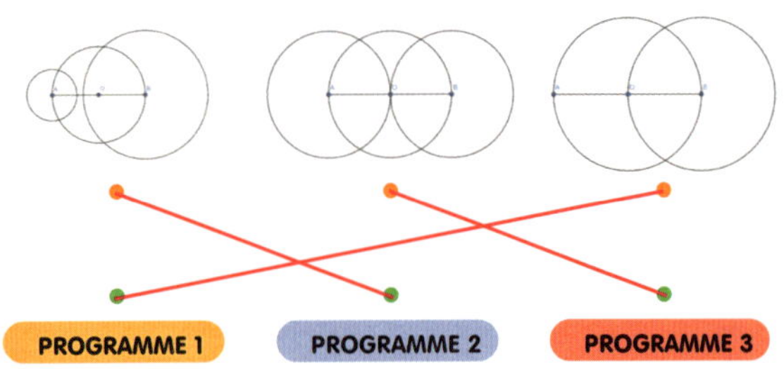

60 ; 900 ; 130 ; 2 200 ; 62 ; 1 520 ; 507 ; 15 ; 7 ; 9 ; 6 ; 6.

PAGE 30

1. **a)** $\frac{2}{8}$. **b)** $\frac{3}{6}$. **c)** $\frac{1}{4}$. **d)** $\frac{4}{7}$. **e)** $\frac{9}{16}$. **f)** $\frac{3}{5}$.
2. **a)** Cinq douzièmes. **b)** Trois quarts.
   c) Dix vingtièmes. **d)** Huit tiers.
3.

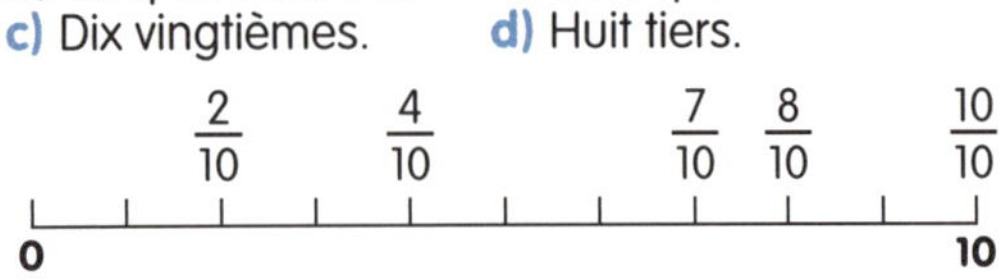

4.

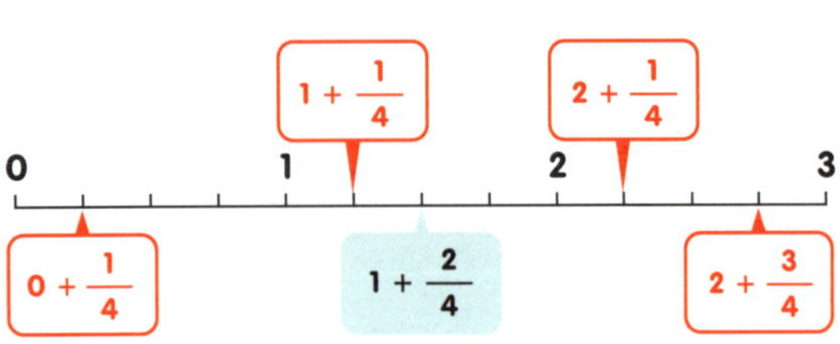

PAGE 31

3.

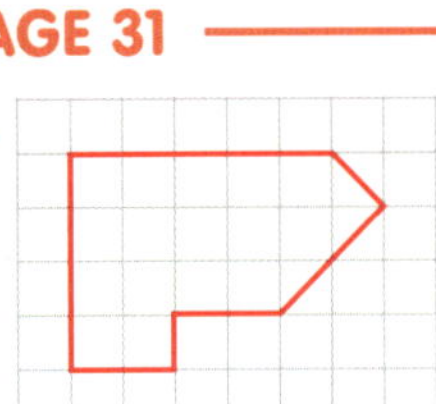

Soit un carré, soit un rectangle.

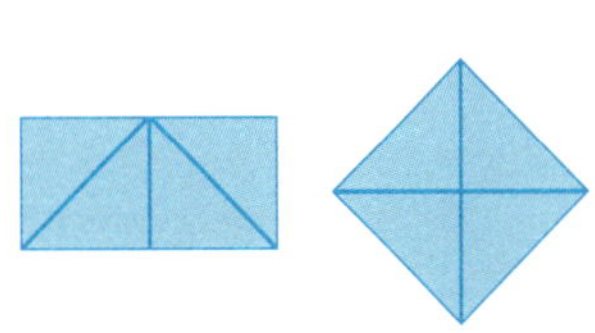

PAGE 32

1. **a)** 4,56 + 17,8 = 22,36 **b)** 1,569 + 28,98 = 30,549 **c)** 8,4 – 5,67 = 2,73
2. **a)** 2 – 0,95 = 1,05. Il reste **1,05 m de tasseau**.
   b) 5,45 + 8,95 = 14,40. La bande dessinée coûte **14,40 €**.
3.

	A	B	C	D
E		2,	3	7
F	4,	7		1,
G	1	0	5,	8
H	8	2	6	9

PAGE 33

1. **a)** 960 : 14 → 960 – 84 = 12 ; 120 – 112 = 8 ; quotient 68, reste 8.
   b) 1 584 : 23 → 158 – 138 = 20 ; 204 – 184 = 20 ; quotient 68, reste 20.
2. **a)** 26 : 12 = 8. Elles vont chacun transporter 8 kilos de matériel. **b)** 132 : 12 = 11. Chacune va devoir rapporter 11 morceaux de bois. **c)** 50 : 12 = 4 reste 2. Elle va distribuer 4 chamallows ; 2 chamallows ne seront pas distribués.

Aujourd'hui, son frère a 16 ans. (La moitié de 4 est 2, il y a donc 2 ans d'écart entre les deux frères. Il suffit de faire 18 – 2 pour résoudre l'énigme.)

PAGE 34

1. **a)** Droit. **b)** Obtus. **c)** Plat. **d)** Aigu.
2. **a)** 2 angles droits. **b)** 3 angles obtus. **c)** 3 angles aigus.
3.

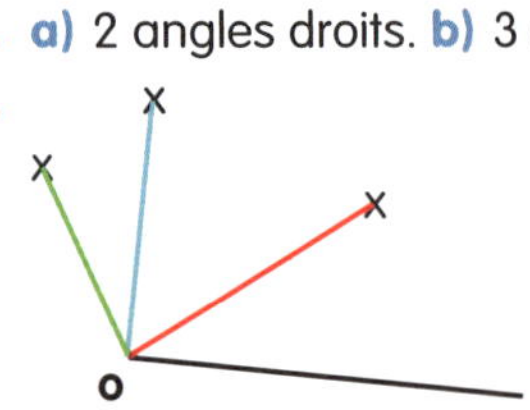

PAGE 35

1. **a)** × 3 / : 3

1	2	**5**	6	10
3	**6**	15	**18**	**30**

b) × 5 / : 5

1	2	4	**6**	**11**
5	10	**20**	30	55

2. Si 4 bouteilles d'eau coûtent 8 €, combien coûtent 24 bouteilles d'eau ?

   Si une fleuriste compose des bouquets de 8 fleurs, combien de fleurs seront nécessaires pour réaliser 10 bouquets ?

3. × 4 / : 4

Nombre de bonnets	1	3	5	6
Prix	4	12	20	24

a) Un bonnet coûte 4 €. **b)** Elle aura 5 bonnets. **c)** Elle devra payer 24 €.

Elle doit tirer 3 chaussettes.

PAGE 36

1. pavé droit **B** ; pyramide **D** ; sphère **F** ; prisme **C** ; cône **G** ; cube **A** ; cylindre **E**.
2. a) Je possède 6 faces qui sont toutes des **carrés** identiques. J'ai **12** arêtes et **8** sommets. b) Je possède **5** faces : une face est un **carré**, **4** faces sont des **triangles** identiques. J'ai **8** arêtes et **5** sommets. c) Je possède **5** faces : deux faces sont des **triangles**, **3** faces sont des **rectangles**. J'ai **9** arêtes et **6** sommets.
3.

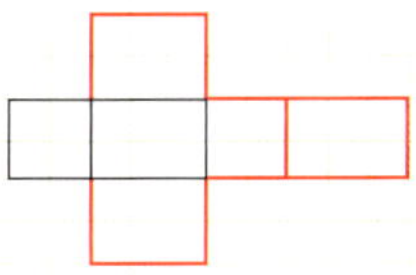

PAGE 37

1. a) **7,3**. b) **25,6**. c) **8,56**. d) **80,54**. e) **9,635**. f) **0,085**.
2.

12,5	douze unités et cinq dixièmes
5,75	**cinq unités et soixante-quinze centièmes**
1,014	une unité et quatorze millièmes
8,09	**huit unités et neuf centièmes**

3. a) 4 089 = 4 unités + 8 centièmes + 9 millièmes. b) 13,89 = 1 dizaine + 3 unités + 8 dixièmes + 9 centièmes. c) 8,574 = 8 unités + 5 dixièmes + 7 centièmes + 4 millièmes. d) 0,835 = 8 dixièmes + 3 centièmes + 5 millièmes.
4. a) 4,7 **>** 4,07. b) 21,1 **>** 4,987. c) 3,102 **<** 3,3. d) 6,65 **>** 6,6. e) 4,150 **=** 4,15. f) 29,6 **<** 29,601.

10.

PAGE 38

1. a) $2 + \frac{1}{4}$; b) $0 + \frac{1}{4}$; c) $1 + \frac{1}{4}$; d) $2 + \frac{0}{4}$.
2. a) Droit. b) Plat. c) Aigu. d) Obtus.
3. a)

```
    5, 1
+ 1 6, 5 7
= 2 1, 6 7
```

b)

```
    7, 6
- 1, 9 8 6
= 5, 6 1 4
```

c)

```
    3, 4 5 6
+ 8 9, 7
= 9 3, 1 5 6
```

4. a) Sphère. b) Prisme. c) Pavé droit. d) Cylindre.

PAGE 39

5. a) 43,8. b) 8,23. c) 1,056.
6.

Nombre de jouets	1	2	**7**	**9**	**11**	10
Prix de vente	3 €	6 €	**21 €**	**27 €**	**33 €**	30 €

a) 21 €. b) 27 €. c) 33 €.

7.

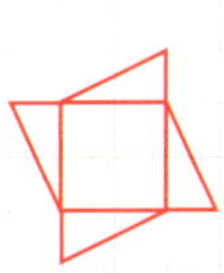

88 ; 165 ; 242 ; 374 ; 19 ; 83 ; 0,19 ; 0,3 ; 23,6 ; 341,5 ; 5,1 ; 19,81.

PAGE 40

1.

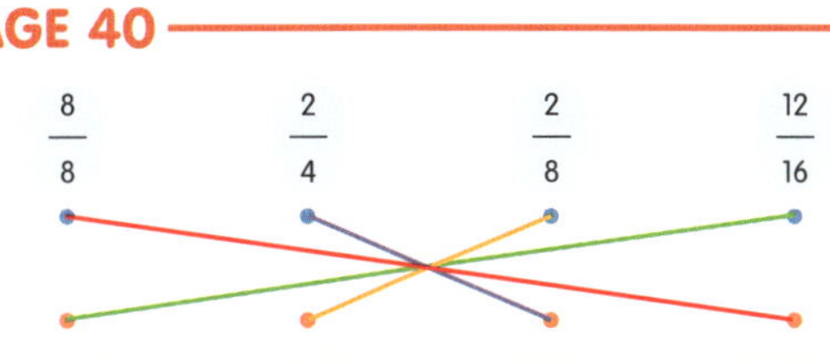

2.

danse	football	basket	tennis
25	**50**	**65**	**33**

3. a) 120 €. b) 540 kg. c) 16 L. d) 105 m.
4. a) 46 × 650 : 100 = 299 ; 650 – 299 = 351. Il y a **351** garçons. b) 50 × 74 : 100 = 37 ; 74 + 37 = 111. Anaïs a maintenant **111** timbres.

PAGE 41

1. a)

```
    4, 9
×      6
= 2 9, 4
```

b)

```
      8 5
×    2, 7
    5 9 5
+ 1 7 0 0
= 2 2 9, 5
```

c)

```
         6, 2 5
×      2 5, 1
          6 2 5
+     3 1 2 5 0
+   1 2 5 0 0 0
=   1 5 6, 8 7 5
```

2. a) 7,6 × 894 = 6 794,4. b) 3,7 × 1,23 = 4,551. c) 0,351 × 19 = 6,669. d) 5,21 × 3,76 = 19,5896. e) 0,12 × 0,85 = 0,1020. f) 2,478 × 1,54 = 3,81612.
3. 60,84 — 11 × 2,5 — 38,1 — 8 × 5,9 — 15,21 × 4 — 47,2 — 13,01 × 6 — 27,5 — 78,06 — 12,7 × 3

324 ; 459.

PAGE 42

1. a) 2,897 < 2,9 < 3,1 < 3,45 < 3,596. b) 41,489 > 4,145 > 4,12 > 4,05 > 4. c) 6,509 < 6,51 < 6,514 < 6,54 < 65,1.
2. a)

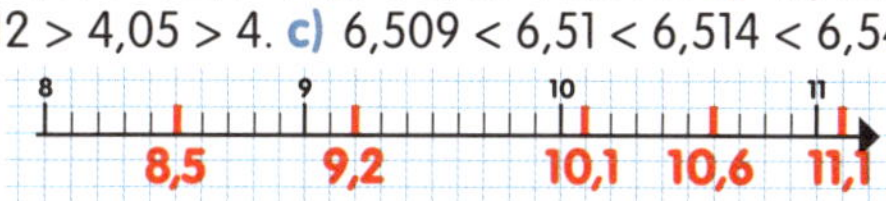

b)

3. a) 15 < 15,64 < 16 ; 0 < 0,9 < 1. b) 13,4 < 13,48 < 13,5 ; 2,5 < 2,569 < 2,6. c) 4,58 < 4,587 < 4,59 ; 102,32 < 102,327 < 102,33.

PAGE 43

1. a)

Temps de trajet	1 h	2 h	5 h	**7 h**
Distance parcourue	250 km	**500 km**	**1 250 km**	1 750 km

b) 2 000 : 250 = 8. Le nouveau trajet dure **8 h**.
2. a) **1 cm** sur le plan correspond à **250 cm (2,5 m)** en réalité. b) **60 km** sont parcourus en **1 heure**. c) **13 m** sont parcourus en **1 seconde**.
3.

Sur le plan (cm)	5	15	25	30
Distance réelle (cm)	**150**	**450**	**750**	**900**

La figure a.

PAGE 44

1. a) 14 siècles = **1 400 ans** ; 600 ans = **6** siècles. b) 5 semaines = **35** jours ; 52 semaines = **364** jours. c) 4 jours = **96 heures** ; 72 heures = **3** jours. d) 5 heures = **300 minutes** ; 420 minutes = **7 heures**. e) 15 minutes = **900** secondes ; 480 secondes = **8 minutes**.
2. a) Le film finit à **12 h 40**. b) Nous sommes partis à **14 h 40**. c) Mon bus part à **9 h 33**.
3. a) **1** heure et **25 minutes**. b) **3 heures** et **35 minutes**.

PAGE 45

1. 13,80 + 10,50 + 19,65 = 43,95. Ils vont payer 43,95 € en tout.
2. **a)** 55,50 – 41,85 = 13,65. Lucas doit encore économiser **13,65 €**. **b)** 4,67 × 54 = 252,18. Les pilotes parcourent **252,18 km**. **c)** 4,5 × 127 = 571,5. Le champ a une superficie de **571,5 hm²**.

4,25 + 4,25 = 8,5 ; 7,3 + 7,3 = 14,6 ; 4,25 + 7,3 = 11,55.

★ = 4, 25 ☾ = 7,3 ★ + ☾ = 11,55

PAGE 46

1. **a)** **10** carreaux. **b)** **11** carreaux. **c)** **8** carreaux.
2. 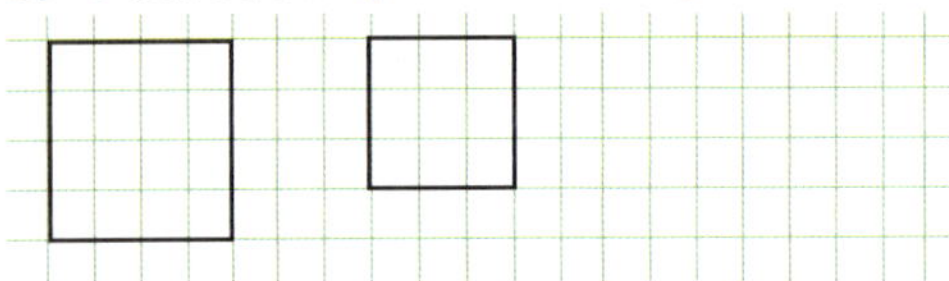
3. **a)** 8 × 8 = **64 cm²**. **b)** 6 × 9 = **54 cm²**. **c)** 32 × 32 = **1 024 m²**.

PAGE 47

1.

	8	2	6,	5	5
–	5				1 6 5, 3
	3	2			
–	3	0			
		2	6		
–		2	5		
			1	5	
–			1	5	
				0	

2. **a)** 5,20 : 2 = 2,60. Un pain coûte 2,60 euros. **b)** 5,20 : 4 = 1,30. Une baguette tradition coûte 1,30 euro.

Réponse d.

PAGE 48

1. **a)** 10 × 10 = **100 cm²**. **b)** 17 × 32 = **544 cm²**. **c)** 25 × 25 = **625 km²**.
2. **a)** 1,90 × 254 = 482,60. Les journaux lui ont rapporté **482,60 €**. **b)** 0,78 × 64 = 49,92. La cour mesure **49,92 m** de long. **c)** 13,2 × 37 = 488,4. La remorque transporte **488,4 kg**.
3. **a)** 14 h 50. **b)** 20 h 25.

PAGE 49

4. **a)** **54** < 54,78 < **55** ; **1** < 1,45 < **2**. **b)** **8,9** < 8,905 < **9** ; **0,1** < 0,17 < **0,2**. **c)** **6,47** < 6,478 < **6,48** ; **5,91** < 5,918 < **5,92**.
5.

Temps de trajet	1 h	**3 h**	5 h	**10 h**
Distance parcourue	**60 km**	180 km	**300 km**	600 km

6. **a)**

		2,	2	5
×			3,	8
	1	8	0	0
+	6	7	5	0
=	8,	5	5	0

b)

	1	9,	9	0	5
–	1	5			3, 9 8
		4	9		
–		4	5		
			4	0	
–			4	0	
				0	

1,45 ; 6,123 ; 2,7 ; 0,002 ; 8,1 ; 4,9 ; 6,9 ; 5,8 ; 900 ; 390 ; 32 ; 17.